Bryn Mawr Greek Commentaries

Sophocles' *Antigone*

Nicolas P. Gross

Thomas Library, Bryn Mawr College

Bryn Mawr, Pennsylvania

Series Preface

These lexical and grammatical notes are meant not as a full-scale commentary but as a clear and concise aid to the beginning student. The editors have been told to resist their critical impulses and to say only what will help the student read the text. Our commentaries, then, are the beginning of the interpretive process, not the end.

We expect that the student will know the basic Attic declensions and conjugations, basic grammar (the common functions of cases and moods; the common types of clauses and conditions), and how to use a dictionary. In general we have tried to avoid duplication of material easily extractable from the lexicon, but we have included help with the odd verb forms, and recognizing that endless page-flipping can be counter-productive, we have provided the occasional bonus of assistance with uncommon vocabulary. The bibliography lists a few books in English that have proved useful as secondary reading.

Production of these commentaries has been made possible by a generous grant from the Division of Education Programs, the National Endowment for the Humanities.

Richard Hamilton
General Editor

Gregory W.Dickerson
Associate Editor

Gilbert Rose
Associate Editor

Volume Preface

My debt to the editions of Jebb (Cambridge 1900) and Kamerbeek (Leiden 1978) is abundantly evident. In the few places where I have disagreed with them I could not have done so without their work.

I am also very much in debt to the considerable labors of my sharp-eyed, patient, and learned colleagues Richard Hamilton (Bryn Mawr College), Gregory W. Dickerson (Bryn Mawr College), Gilbert Rose (Swarthmore College), Robert Schmiel (University of Calgary), William C. Scott (Dartmouth College) and Anthony O. Leach, II (Newark, De.). Their corrections and additions have significantly improved this edition. I am, of course, responsible for any errors or infelicities that remain.

I also wish to thank Bill Scott's students at Dartmouth College and two classes of students at the University of Delaware who suffered through earlier versions of this edition - much to its improvement.

Nicolas P. Gross
August 1987

Metrical Note

Greek tragedies are composed of episodes, scenes in which characters speak; and of odes, songs sung by the chorus and (sometimes) by the characters. Each element has its own form and appropriate meters.

The regular meter in episodes is iambic trimeter. Each trimeter line comprises three metrical units or "metra" of the shape where - is a long syllable, υ is a short syllable, and x is a syllable long or short. Thus an entire trimeter line may be diagrammed:

$$x - υ -/ x - υ -/ x - υ x.$$

A syllable is long if it contains (a) a long vowel or a diphthong or (b) a short vowel followed by two consonants (ζ, ξ, ψ count as two consonants). A mute consonant (π, β, φ, κ, γ, χ, τ, δ, θ) followed by a liquid consonant (λ, ρ, μ, ν) may, but normally does not, count as a double consonant. A consonant (or consonants) beginning a word counts towards the lengthening of the final syllable of the word preceding.

A syllable is short if it contains a short vowel and is not lengthened by the double consonant rule. The Greek vowels ε and o are always short; η and ω are always long; α, ι, and υ may be long or short by nature and their natural quantities in the root of any word are normally noted in the lexicon.

Thus we may analyze ("scan") line 1 of the *Antigone*:

```
-   - υ   - υ - υ   - - -   υ -
```
ὦ κοῖνον αὐτάδελφον Ἰσμήνης κάρα

Most tragic trimeters have word-end after either the fifth or the seventh syllable ("caesura"). Metrical license permits the occasional "resolution" of a long syllable into two shorts at various places in the trimeter. Thus we may scan *Antigone* 26:

```
-    - υ -   υ - υ   υ υ - -   υ -
```
τὸν δ' ἀθλίως θανόντα Πολυνείκους νέκυν

Meters for odes are complex and vary greatly; metrical discussion of less complex choral meters in *Antigone* will be found in this commentary. For a full discussion see Kamerbeek.

ΑΝΤΙΓΟΝΗ.

ΑΝΤΙΓΟΝΗ.

'Ω ΚΟΙΝΟΝ αὐτάδελφον Ἰσμήνης κάρα,
ἆρ' οἶσθ' ὅ τι Ζεὺς τῶν ἀπ' Οἰδίπου κακῶν
ὁποῖον οὐχὶ νῷν ἔτι ζώσαιν τελεῖ;
οὐδὲν γὰρ οὔτ' ἀλγεινὸν οὔτ' ἄτης ἄτερ
οὔτ' αἰσχρὸν οὔτ' ἄτιμόν ἐσθ', ὁποῖον οὐ   5
τῶν σῶν τε κἀμῶν οὐκ ὄπωπ' ἐγὼ κακῶν.
καὶ νῦν τί τοῦτ' αὖ φασι πανδήμῳ πόλει
κήρυγμα θεῖναι τὸν στρατηγὸν ἀρτίως;
ἔχεις τι κεἰσήκουσας; ἤ σε λανθάνει
πρὸς τοὺς φίλους στείχοντα τῶν ἐχθρῶν κακά;   10

ΙΣΜΗΝΗ.

ἐμοὶ μὲν οὐδεὶς μῦθος, Ἀντιγόνη, φίλων
οὔθ' ἡδὺς οὔτ' ἀλγεινὸς ἵκετ', ἐξ ὅτου
δυοῖν ἀδελφοῖν ἐστερήθημεν δύο,
μιᾷ θανόντοιν ἡμέρᾳ διπλῇ χερί·
ἐπεὶ δὲ φροῦδός ἐστιν Ἀργείων στρατὸς   15
ἐν νυκτὶ τῇ νῦν, οὐδὲν οἶδ' ὑπέρτερον,
οὔτ' εὐτυχοῦσα μᾶλλον οὔτ' ἀτωμένη.

ΑΝ. ἤδη καλῶς, καί σ' ἐκτὸς αὐλείων πυλῶν
τοῦδ' οὕνεκ' ἐξέπεμπον, ὡς μόνη κλύοις.

14 θανόντων mss.: corr. Blaydes.

ΙΣ. τί δ' ἔστι; δηλοῖς γάρ τι καλχαίνουσ' ἔπος. 20

ΑΝ. οὐ γὰρ τάφου νῷν τὼ κασιγνήτω Κρέων
τὸν μὲν προτίσας τὸν δ' ἀτιμάσας ἔχει;
Ἐτεοκλέα μέν, ὡς λέγουσι, σὺν δίκης
χρήσει δικαίᾳ καὶ νόμου, κατὰ χθονὸς
ἔκρυψε, τοῖς ἔνερθεν ἔντιμον νεκροῖς· 25
τὸν δ' ἀθλίως θανόντα Πολυνείκους νέκυν
ἀστοῖσί φασιν ἐκκεκηρῦχθαι τὸ μὴ
τάφῳ καλύψαι μηδὲ κωκῦσαί τινα,
ἐᾶν δ' ἄκλαυτον, ἄταφον, οἰωνοῖς γλυκὺν
θησαυρὸν εἰσορῶσι πρὸς χάριν βορᾶς. 30
τοιαῦτά φασι τὸν ἀγαθὸν Κρέοντα σοὶ
κἀμοί, λέγω γὰρ κἀμέ, κηρύξαντ' ἔχειν,
καὶ δεῦρο νεῖσθαι ταῦτα τοῖσι μὴ εἰδόσιν
σαφῆ προκηρύξοντα, καὶ τὸ πρᾶγμ' ἄγειν
οὐχ ὡς παρ' οὐδέν, ἀλλ' ὃς ἂν τούτων τι δρᾷ, 35
φόνον προκεῖσθαι δημόλευστον ἐν πόλει.
οὕτως ἔχει σοι ταῦτα, καὶ δείξεις τάχα
εἴτ' εὐγενὴς πέφυκας εἴτ' ἐσθλῶν κακή.

ΙΣ. τί δ', ὦ ταλαῖφρον, εἰ τάδ' ἐν τούτοις, ἐγὼ
λύουσ' ἂν ἢ 'φάπτουσα προσθείμην πλέον; 40

ΑΝ. εἰ ξυμπονήσεις καὶ ξυνεργάσει σκόπει.

ΙΣ. ποῖόν τι κινδύνευμα; ποῦ γνώμης ποτ' εἶ;

ΑΝ. εἰ τὸν νεκρὸν ξὺν τῇδε κουφιεῖς χερί.

ΙΣ. ἦ γὰρ νοεῖς θάπτειν σφ', ἀπόρρητον πόλει;

ΑΝ. τὸν γοῦν ἐμόν, καὶ τὸν σόν, ἢν σὺ μὴ θέλῃς, 45
ἀδελφόν· οὐ γὰρ δὴ προδοῦσ' ἁλώσομαι.

ΙΣ. ὦ σχετλία, Κρέοντος ἀντειρηκότος;

ΑΝ. ἀλλ' οὐδὲν αὐτῷ τῶν ἐμῶν μ' εἴργειν μέτα.

23 f. σὺν δίκῃ | χρησθεὶς δικαίᾳ καὶ νόμῳ MSS. : corr. G. H. Müller, J.
29 ἄκλαυστον ἄταφον r : ἄταφον ἄκλαυτον L.   33 τοῖσι Heath : τοῖς
MSS.   40 ἣ θάπτουσα MSS. : corr. Brunck from schol.   48 μ' add.
Brunck.

ΙΣ. οἴμοι· φρόνησον, ὦ κασιγνήτη, πατὴρ
ὡς νῷν ἀπεχθὴς δυσκλεής τ' ἀπώλετο,   50
πρὸς αὐτοφώρων ἀμπλακημάτων διπλᾶς
ὄψεις ἀράξας αὐτὸς αὐτουργῷ χερί·
ἔπειτα μήτηρ καὶ γυνή, διπλοῦν ἔπος,
πλεκταῖσιν ἀρτάναισι λωβᾶται βίον·
τρίτον δ' ἀδελφὼ δύο μίαν καθ' ἡμέραν   55
αὐτοκτονοῦντε τὼ ταλαιπώρω μόρον
κοινὸν κατειργάσαντ' ἐπαλλήλοιν χεροῖν.
νῦν δ' αὖ μόνα δὴ νὼ λελειμμένα σκόπει
ὅσῳ κάκιστ' ὀλούμεθ', εἰ νόμου βίᾳ
ψῆφου τυράννων ἢ κράτη παρέξιμεν·   60
ἀλλ' ἐννοεῖν χρὴ τοῦτο μὲν γυναῖχ' ὅτι
ἔφυμεν, ὡς πρὸς ἄνδρας οὐ μαχουμένα·
ἔπειτα δ' οὕνεκ' ἀρχόμεσθ' ἐκ κρεισσόνων,
καὶ ταῦτ' ἀκούειν κἄτι τῶνδ' ἀλγίονα.
ἐγὼ μὲν οὖν αἰτοῦσα τοὺς ὑπὸ χθονὸς   65
ξύγγνοιαν ἴσχειν, ὡς βιάζομαι τάδε,
τοῖς ἐν τέλει βεβῶσι πείσομαι· τὸ γὰρ
περισσὰ πράσσειν οὐκ ἔχει νοῦν οὐδένα.

ΑΝ. οὔτ' ἂν κελεύσαιμ', οὔτ' ἄν, εἰ θέλοις ἔτι
πράσσειν, ἐμοῦ γ' ἂν ἡδέως δρῴης μέτα.   70
ἀλλ' ἴσθ' ὁποῖα σοὶ δοκεῖ· κεῖνον δ' ἐγὼ
θάψω· καλόν μοι τοῦτο ποιούσῃ θανεῖν.
φίλη μετ' αὐτοῦ κείσομαι, φίλου μέτα,
ὅσια πανουργήσασ'· ἐπεὶ πλείων χρόνος
ὃν δεῖ μ' ἀρέσκειν τοῖς κάτω τῶν ἐνθάδε.   75
ἐκεῖ γὰρ ἀεὶ κείσομαι· σοὶ δ' εἰ δοκεῖ,
τὰ τῶν θεῶν ἔντιμ' ἀτιμάσασ' ἔχε.

ΙΣ. ἐγὼ μὲν οὐκ ἄτιμα ποιοῦμαι, τὸ δὲ
βίᾳ πολιτῶν δρᾶν ἔφυν ἀμήχανος.

ΑΝ. σὺ μὲν τάδ' ἂν προὔχοι· ἐγὼ δὲ δὴ τάφον   80

---

57 ἐπ' ἀλλήλοιν MSS.: corr. Hermann.   71 ὁποία Γ: ὁποῖα L.

χώσουσ᾽ ἀδελφῷ φιλτάτῳ πορεύσομαι.

ΙΣ. οἴμοι ταλαίνης, ὡς ὑπερδέδοικά σου.

ΑΝ. μὴ ᾽μοῦ προτάρβει· τὸν σὸν ἐξόρθου πότμον.

ΙΣ. ἀλλ᾽ οὖν προμηνύσῃς γε τοῦτο μηδενὶ
     τοὔργον, κρυφῇ δὲ κεῦθε, σὺν δ᾽ αὔτως ἐγώ.   85

ΑΝ. οἴμοι, καταύδα· πολλὸν ἐχθίων ἔσει
     σιγῶσ᾽, ἐὰν μὴ πᾶσι κηρύξῃς τάδε.

ΙΣ. θερμὴν ἐπὶ ψυχροῖσι καρδίαν ἔχεις.

ΑΝ. ἀλλ᾽ οἶδ᾽ ἀρέσκουσ᾽ οἷς μάλισθ᾽ ἀδεῖν με χρή.

ΙΣ. εἰ καὶ δυνήσει γ᾽· ἀλλ᾽ ἀμηχάνων ἐρᾷς.   90

ΑΝ. οὐκοῦν, ὅταν δὴ μὴ σθένω, πεπαύσομαι.

ΙΣ. ἀρχὴν δὲ θηρᾶν οὐ πρέπει τἀμήχανα.

ΑΝ. εἰ ταῦτα λέξεις, ἐχθαρεῖ μὲν ἐξ ἐμοῦ,
     ἐχθρὰ δὲ τῷ θανόντι προσκείσει δίκῃ.
     ἀλλ᾽ ἔα με καὶ τὴν ἐξ ἐμοῦ δυσβουλίαν   95
     παθεῖν τὸ δεινὸν τοῦτο· πείσομαι γὰρ οὐ
     τοσοῦτον οὐδὲν ὥστε μὴ οὐ καλῶς θανεῖν.

ΙΣ. ἀλλ᾽ εἰ δοκεῖ σοι, στεῖχε· τοῦτο δ᾽ ἴσθ᾽, ὅτι
     ἄνους μὲν ἔρχει, τοῖς φίλοις δ᾽ ὀρθῶς φίλη.

ΧΟΡΟΣ.

στρ. α΄. ἀκτὶς ἀελίου, τὸ κάλλιστον ἑπταπύλῳ φανὲν 100
2 Θήβᾳ τῶν πρότερων φάος,
3 ἐφάνθης ποτ᾽, ὦ χρυσέας
4 ἀμέρας βλέφαρον, Διρκαίων ὑπὲρ ῥεέθρων μο-
     λοῦσα,
5 τὸν λεύκασπιν Ἀργόθεν ἐκβάντα φῶτα παν-
     σαγίᾳ   106
6 φυγάδα πρόδρομον ὀξυτέρῳ κινήσασα χαλινῷ·

σύστ. α΄. ὃς ἐφ᾽ ἡμετέρᾳ γᾷ Πολυνείκους   110

---

83 μὴ ᾽μοῦ Schaefer: μή μου MSS.   100 ἀελίου L¹, ἀελίοιο Lᶜ.
106 ἐκβάντα φῶτα Feussner, Schütz: φῶτα βάντα MSS.   110 ὃν...
Πολυνείκης MSS.: corr. Scaliger.

ἀρθεὶς νεικέων ἐξ ἀμφιλόγων
ὀξέα κλάζων
αἰετὸς εἰς γᾶν ὣς ὑπερέπτα,
λευκῆς χιόνος πτέρυγι στεγανός,
πολλῶν μεθ' ὅπλων   115
ξύν θ' ἱπποκόμοις κορύθεσσι.

ἀντ. α'.   στὰς δ' ὑπὲρ μελάθρων, φονώσαισιν ἀμφιχανὼν
           κύκλῳ
2 λόγχαις ἑπτάπυλον στόμα
3 ἔβα, πρίν ποθ' ἁμετέρων   120
4 αἱμάτων γένυσιν πλησθῆναί τε καὶ στεφάνωμα
     πύργων
5 πευκάενθ' Ἥφαιστον ἑλεῖν. τοῖος ἀμφὶ νῶτ'
     ἐτάθη
6 πάταγος Ἄρεος, ἀντιπάλῳ δυσχείρωμα δρά-
     κοντος.   126

σύστ. β'.   Ζεὺς γὰρ μεγάλης γλώσσης κόμπους
ὑπερεχθαίρει, καί σφας ἐσιδὼν
πολλῷ ῥεύματι προσνισσομένους,
χρυσοῦ καναχῆς ὑπεροπλίαις,   130
παλτῷ ῥιπτεῖ πυρὶ βαλβίδων
ἐπ' ἄκρων ἤδη
νίκην ὁρμῶντ' ἀλαλάξαι.

στρ. β'.   ἀντιτύπᾳ δ' ἐπὶ γᾷ πέσε τανταλωθεὶς
2 πυρφόρος, ὃς τότε μαινομένᾳ ξὺν ὁρμᾷ   135

---

117 φονώσαισιν Bothe and Boeckh from schol.: φονίαισιν MSS.
125 f. ἀντιπάλῳ...δράκοντι MSS. (except that V, a MS. of 13th or 14th
cent., has ἀντιπάλω...δράκοντος); several, as L and A, having the v. l.
ἀντιπάλου...δράκοντος indicated by a reviser: corr. J.   130 ὑπερ-
οπλίαις Vauvilliers: ὑπεροπλίας L (with ὑπερόπτας superscr. by an early
hand): ὑπεροπτείας and ὑπερόπτα r.   134 ἀντίτυπα L, vulg. (ἀντί-
τυπος Triclinius): corr. Porson.

3 βακχεύων ἐπέπνει

4 ῥιπαῖς ἐχθίστων ἀνέμων.)

5 εἶχε δ᾽ ἄλλᾳ τὰ μέν,

6 ἄλλα δ᾽ (ἐπ᾽ ἄλλοις) ἐπενώμα στυφελίζων μέγας
     Ἄρης

7 δεξιόσειρος.   140

σύστ. γ΄. ἑπτὰ λοχαγοὶ γὰρ (ἐφ᾽ ἑπτὰ πύλαις)
    ταχθέντες (ἴσοι) (πρὸς ἴσους) ἔλιπον
    Ζηνὶ τροπαίῳ πάγχαλκα τέλη,
    πλὴν τοῖν στυγεροῖν, ὣ πατρὸς ἑνὸς
    μητρός τε μιᾶς φύντε καθ᾽ αὑτοῖν   145
    δικρατεῖς λόγχας στήσαντ᾽ ἔχετον
    (κοινοῦ θανάτου) μέρος ἄμφω.

ἀντ. β΄. ἀλλὰ γὰρ ἁ μεγαλώνυμος ἦλθε Νίκα

2 τᾷ πολυαρμάτῳ ἀντιχαρεῖσα Θήβᾳ,

3 (ἐκ μὲν δὴ (πολέμων   150

4 τῶν νῦν) θέσθαι λησμοσύναν,

5 θεῶν δὲ ναοὺς χοροῖς

6 παννυχίοις πάντας ἐπέλθωμεν, ὁ Θήβας δ᾽ ἐλε-
    λίχθων

7 Βάκχιος ἄρχοι.

σύστ. δ΄. ἀλλ᾽ ὅδε γὰρ δὴ βασιλεὺς χώρας,   155
    Κρέων ὁ Μενοικέως, ⏑ — νεοχμὸς
    νεαραῖσι θεῶν ἐπὶ συντυχίαις
    χωρεῖ, τίνα δὴ μῆτιν ἐρέσσων,
    ὅτι σύγκλητον τήνδε γερόντων
    προὔθετο λέσχην,   160
    κοινῷ κηρύγματι πέμψας;

138 f. εἶχε δ᾽ ἄλλᾳ τὰ μέν, | ἄλλα δ᾽ ἐπ᾽ ἄλλοις Erfurdt: εἶχε δ᾽ ἄλλᾳ
τὰ μὲν ἄλλα τὰ δ᾽ ἐπ᾽ ἄλλοις L, vulg.   151 θέσθαι r: θέσθε L, vulg.
153 ἐλελίχθων r: ἐλελίζων L (with γρ. ἐλελίχθων from S).   156 Before
νεοχμὸς a word has prob. dropped out, perh. ἄρχων or ταγός.

ΚΡΕΩΝ.

ἄνδρες, τὰ μὲν δὴ πόλεος ἀσφαλῶς θεοὶ
πολλῷ σάλῳ σείσαντες ὤρθωσαν πάλιν·
ὑμᾶς δ' ἐγὼ πομποῖσιν ἐκ πάντων δίχα
ἔστειλ' ἱκέσθαι, τοῦτο μὲν τὰ Λαΐου   165
σέβοντας εἰδὼς εὖ θρόνων ἀεὶ κράτη,
τοῦτ' αὖθις, ἡνίκ' Οἰδίπους ὤρθου πόλιν,
κἀπεὶ διώλετ', ἀμφὶ τοὺς κείνων ἔτι
παῖδας μένοντας ἐμπέδοις φρονήμασιν.
ὅτ' οὖν ἐκεῖνοι πρὸς διπλῆς μοίρας μίαν   170
καθ' ἡμέραν ὤλοντο παίσαντές τε καὶ
πληγέντες αὐτόχειρι σὺν μιάσματι,
ἐγὼ κράτη δὴ πάντα καὶ θρόνους ἔχω
γένους κατ' ἀγχιστεῖα τῶν ὀλωλότων.
ἀμήχανον δὲ παντὸς ἀνδρὸς ἐκμαθεῖν   175
ψυχήν τε καὶ φρόνημα καὶ γνώμην, πρὶν ἂν
ἀρχαῖς τε καὶ νόμοισιν ἐντριβὴς φανῇ.
ἐμοὶ γὰρ ὅστις πᾶσαν εὐθύνων πόλιν
μὴ τῶν ἀρίστων ἅπτεται βουλευμάτων,
ἀλλ' ἐκ φόβου του γλῶσσαν ἐγκλῄσας ἔχει,   180
κάκιστος εἶναι νῦν τε καὶ πάλαι δοκεῖ·
καὶ μεῖζον' ὅστις ἀντὶ τῆς αὑτοῦ πάτρας
φίλον νομίζει, τοῦτον οὐδαμοῦ λέγω.
ἐγὼ γάρ, ἴστω Ζεὺς ὁ πάνθ' ὁρῶν ἀεί,
οὔτ' ἂν σιωπήσαιμι τὴν ἄτην ὁρῶν   185
στείχουσαν ἀστοῖς ἀντὶ τῆς σωτηρίας,
οὔτ' ἂν φίλον ποτ' ἄνδρα δυσμενῆ χθονὸς
θείμην ἐμαυτῷ, τοῦτο γιγνώσκων ὅτι
ἥδ' ἐστὶν ἡ σῴζουσα, καὶ ταύτης ἔπι
πλέοντες ὀρθῆς τοὺς φίλους ποιούμεθα.   190
τοιοῖσδ' ἐγὼ νόμοισι τήνδ' αὔξω πόλιν·
καὶ νῦν ἀδελφὰ τῶνδε κηρύξας ἔχω

ἀστοῖσι παίδων τῶν ἀπ' Οἰδίπου πέρι·
Ἐτεοκλέα μέν, ὃς πόλεως ὑπερμαχῶν
ὄλωλε τῆσδε, πάντ' ἀριστεύσας δορί,   195
τάφῳ τε κρύψαι καὶ τὰ πάντ' ἐφαγνίσαι
ἃ τοῖς ἀρίστοις ἔρχεται κάτω νεκροῖς·
τὸν δ' αὖ ξύναιμον τοῦδε, Πολυνείκην λέγω,
ὃς γῆν πατρῴαν καὶ θεοὺς τοὺς ἐγγενεῖς
φυγὰς κατελθὼν ἠθέλησε μὲν πυρὶ   200
πρῆσαι κατ' ἄκρας, ἠθέλησε δ' αἵματος
κοινοῦ πάσασθαι, τοὺς δὲ δουλώσας ἄγειν,
τοῦτον πόλει τῇδ' ἐκκεκήρυκται τάφῳ
μήτε κτερίζειν μήτε κωκῦσαί τινα,
ἐᾶν δ' ἄθαπτον, καὶ πρὸς οἰωνῶν δέμας   205
καὶ πρὸς κυνῶν ἐδεστὸν αἰκισθέντ' ἰδεῖν.
τοιόνδ' ἐμὸν φρόνημα, κοὔποτ' ἔκ γ' ἐμοῦ
τιμὴ προέξουσ' οἱ κακοὶ τῶν ἐνδίκων·
ἀλλ' ὅστις εὔνους τῇδε τῇ πόλει, θανὼν
καὶ ζῶν ὁμοίως ἐξ ἐμοῦ τιμήσεται.   210
ΧΟ. σοὶ ταῦτ' ἀρέσκει, παῖ Μενοικέως Κρέον,
τὸν τῇδε δύσνουν κᾆς τὸν εὐμενῆ πόλει·
νόμῳ δὲ χρῆσθαι παντὶ πού γ' ἔνεστί σοι
καὶ τῶν θανόντων χὠπόσοι ζῶμεν πέρι.
ΚΡ. ὡς ἂν σκοποὶ νῦν ἦτε τῶν εἰρημένων.   215
ΧΟ. νεωτέρῳ τῳ τοῦτο βαστάζειν πρόθες.
ΚΡ. ἀλλ' εἴσ' ἕτοιμοι τοῦ νεκροῦ γ' ἐπίσκοποι.
ΧΟ. τί δῆτ' ἂν ἄλλο τοῦτ' ἐπεντέλλοις ἔτι;
ΚΡ. τὸ μὴ 'πιχωρεῖν τοῖς ἀπιστοῦσιν τάδε.

---

193 τῶν r: τῶνδ' L.   196 ἐφαγνίσαι L: ἀφαγνίσαι r.   203 ἐκκεκη-
ρύχθαι (sic) MSS.: corr. Musgrave.   206 αἰ κι σθέν τᵃ L, where the
final α has been added by S, lest αἰκισθέν τ' should be read.
αἰκισθέν τ' r.   208 τιμὴν MSS.: corr. Pallis.   212 κᾆς Dindorf:
καὶ MSS.   213 πού γ' Erfurdt: πουτ' L: πού τ' or ποτ' r.   218 ἄλλωι
L, with ο superscr. by the first hand: ἄλλω or ἄλλο r.

ΧΟ. οὐκ ἔστιν οὕτω μῶρος ὃς θανεῖν ἐρᾷ.   220

ΚΡ. καὶ μὴν ὁ μισθός γ' οὗτος· ἀλλ' ὑπ' ἐλπίδων
     ἄνδρας τὸ κέρδος πολλάκις διώλεσεν.

ΦΥΛΑΞ.

ἄναξ, ἐρῶ μὲν οὐχ ὅπως τάχους ὕπο
δύσπνους ἱκάνω, κοῦφον ἐξάρας πόδα·
πολλὰς γὰρ ἔσχον φροντίδων ἐπιστάσεις,   225
ὁδοῖς κυκλῶν ἐμαυτὸν εἰς ἀναστροφήν·
ψυχὴ γὰρ ηὔδα πολλά μοι μυθουμένη·
τάλας, τί χωρεῖς οἷ μολὼν δώσεις δίκην;
τλήμων, μένεις αὖ; κεἰ τάδ' εἴσεται Κρέων
ἄλλου παρ' ἀνδρός, πῶς σὺ δῆτ' οὐκ ἀλγυνεῖ;   230
τοιαῦθ' ἑλίσσων ἤνυτον σχολῇ βραδύς,
χοὔτως ὁδὸς βραχεῖα γίγνεται μακρά.
τέλος γε μέντοι δεῦρ' ἐνίκησεν μολεῖν
σοί· κεἰ τὸ μηδὲν ἐξερῶ, φράσω δ' ὅμως.
τῆς ἐλπίδος γὰρ ἔρχομαι δεδραγμένος,   235
τὸ μὴ παθεῖν ἂν ἄλλο πλὴν τὸ μόρσιμον.

ΚΡ. τί δ' ἐστὶν ἀνθ' οὗ τήνδ' ἔχεις ἀθυμίαν;

ΦΥ. φράσαι θέλω σοι πρῶτα τἀμαυτοῦ· τὸ γὰρ
     πρᾶγμ' οὔτ' ἔδρασ' οὔτ' εἶδον ὅστις ἦν ὁ δρῶν,
     οὐδ' ἂν δικαίως ἐς κακὸν πέσοιμί τι.   240

ΚΡ. εὖ γε στοχάζει κἀποφράγνυσαι κύκλῳ
     τὸ πρᾶγμα· δηλοῖς δ' ὥς τι σημανῶν νέον.

ΦΥ. τὰ δεινὰ γάρ τοι προστίθησ' ὄκνον πολύν.

ΚΡ. οὔκουν ἐρεῖς ποτ', εἶτ' ἀπαλλαχθεὶς ἄπει;

ΦΥ. καὶ δὴ λέγω σοι. τὸν νεκρόν τις ἀρτίως   245

---

223 τάχους MSS.: σπουδῆς Arist. *Rhet.* 3. 14. §11.   231 σχολῇ
βραδύς MSS.: γρ. ταχύς S in marg. of L.   235 δεδραγμένος E (with
φαρ superscr.), V³: πεπραγμένος L: πεφραγμένος r.   242 σημανῶν r:
σημαίνων L.

θάψας βέβηκε (κἀπὶ χρωτὶ) διψίαν
κόνιν παλύνας κἀφαγιστεύσας ἃ χρή·

ΚΡ. τί φής; τίς ἀνδρῶν ἦν ὁ τολμήσας τάδε;

ΦΥ. οὐκ οἶδ᾽· ἐκεῖ γὰρ οὔτε του γενῇδος ἦν
πλῆγμ᾽, οὐ δικέλλης ἐκβολή· στύφλος δὲ γῆ   250
καὶ χέρσος, ἀρρὼξ οὐδ᾽ ἐπημαξευμένη
τροχοῖσιν, ἀλλ᾽ ἄσημος οὑργάτης τις ἦν.
ὅπως δ᾽ ὁ πρῶτος ἡμὶν ἡμεροσκόπος
δείκνυσι, πᾶσι θαῦμα δυσχερὲς παρῆν.
ὁ μὲν γὰρ ἠφάνιστο, τυμβήρης μὲν οὔ,   255
λεπτὴ δ᾽ ἄγος φεύγοντος ὣς ἐπῆν κόνις.
σημεῖα δ᾽ οὔτε θηρὸς οὔτε του κυνῶν
ἐλθόντος, οὐ σπάσαντος ἐξεφαίνετο.
λόγοι δ᾽ (ἐν ἀλλήλοισιν) ἐρρόθουν κακοί,
φύλαξ ἐλέγχων φύλακα· κἂν ἐγίγνετο   260
πληγὴ τελευτῶσ᾽, οὐδ᾽ ὁ κωλύσων παρῆν.
εἷς γάρ τις ἦν ἕκαστος οὑξειργασμένος,
κοὐδεὶς ἐναργής, ἀλλ᾽ ἔφευγε μὴ εἰδέναι.
ἦμεν δ᾽ ἕτοιμοι καὶ μύδρους αἴρειν χεροῖν,
καὶ πῦρ διέρπειν, καὶ θεοὺς ὁρκωμοτεῖν   265
τὸ μήτε δρᾶσαι μήτε τῳ ξυνειδέναι
τὸ πρᾶγμα βουλεύσαντι μήτ᾽ εἰργασμένῳ.
τέλος δ᾽, ὅτ᾽ οὐδὲν ἦν ἐρευνῶσιν πλέον,
λέγει τις εἷς, ὃς πάντας (ἐς πέδον) κάρα
νεῦσαι φόβῳ προύτρεψεν· οὐ γὰρ εἴχομεν   270
οὔτ᾽ ἀντιφωνεῖν οὔθ᾽ ὅπως δρῶντες καλῶς
πράξαιμεν. ἦν δ᾽ ὁ μῦθος ὡς ἀνοιστέον
σοὶ τοὔργον εἴη τοῦτο κοὐχὶ κρυπτέον.
καὶ ταῦτ᾽ ἐνίκα, κἀμὲ τὸν δυσδαίμονα
πάλος καθαιρεῖ τοῦτο τἀγαθὸν λαβεῖν.   275
πάρειμι δ᾽ ἄκων οὐχ ἑκοῦσιν, οἶδ᾽ ὅτι·
στέργει γὰρ οὐδεὶς ἄγγελον κακῶν ἐπῶν.

263   ἔφευγε τὸ μὴ εἰδέναι MSS.: corr. Erfurdt.

ΑΝΤΙΓΟΝΗ

ΧΟ. ἄναξ, ἐμοί τοι, μή τι καὶ θεήλατον
τοὔργον τόδ᾽, ἡ ξύννοια βουλεύει πάλαι.

ΚΡ. παῦσαι, πρὶν ὀργῆς καί με μεστῶσαι λέγων,   280
μὴ 'φευρεθῇς ἄνους τε καὶ γέρων ἅμα.
λέγεις γὰρ οὐκ ἀνεκτά, δαίμονας λέγων
πρόνοιαν ἴσχειν τοῦδε τοῦ νεκροῦ πέρι.
πότερον ὑπερτιμῶντες ὡς εὐεργέτην
ἔκρυπτον αὐτόν, ὅστις ἀμφικίονας   285
ναοὺς πυρώσων ἦλθε κἀναθήματα
καὶ γῆν ἐκείνων, καὶ νόμους διασκεδῶν;
ἢ τοὺς κακοὺς τιμῶντας εἰσορᾷς θεούς;
οὐκ ἔστιν. ἀλλὰ ταῦτα καὶ πάλαι πόλεως
ἄνδρες μόλις φέροντες ἐρρόθουν ἐμοί,   290
κρυφῇ κάρα σείοντες, οὐδ᾽ ὑπὸ ζυγῷ
λόφον δικαίως εἶχον, ὡς στέργειν ἐμέ.
ἐκ τῶνδε τούτους ἐξεπίσταμαι καλῶς
παρηγμένους μισθοῖσιν εἰργάσθαι τάδε.
οὐδὲν γὰρ ἀνθρώποισιν οἷον ἄργυρος   295
κακὸν νόμισμ᾽ ἔβλαστε. τοῦτο καὶ πόλεις
πορθεῖ, τόδ᾽ ἄνδρας ἐξανίστησιν δόμων·
τόδ᾽ ἐκδιδάσκει καὶ παραλλάσσει φρένας
χρηστὰς πρὸς αἰσχρὰ πράγμαθ᾽ ἵστασθαι βροτῶν·
πανουργίας δ᾽ ἔδειξεν ἀνθρώποις ἔχειν   300
καὶ παντὸς ἔργου δυσσέβειαν εἰδέναι.
ὅσοι δὲ μισθαρνοῦντες ἤνυσαν τάδε,
χρόνῳ ποτ᾽ ἐξέπραξαν ὡς δοῦναι δίκην.
ἀλλ᾽ εἴπερ ἴσχει Ζεὺς ἔτ᾽ ἐξ ἐμοῦ σέβας,
εὖ τοῦτ᾽ ἐπίστασ᾽, ὅρκιος δέ σοι λέγω,   305
εἰ μὴ τὸν αὐτόχειρα τοῦδε τοῦ τάφου
εὑρόντες ἐκφανεῖτ᾽ ἐς ὀφθαλμοὺς ἐμούς,
οὐχ ὑμῖν Ἅιδης μοῦνος ἀρκέσει, πρὶν ἂν
ζῶντες κρεμαστοὶ τήνδε δηλώσηθ᾽ ὕβριν,

280 κἀμὲ MSS. (καμὲ L): corr. Seidler.   284 ὑπερτιμῶντες r: -ας L.

ἵν' εἰδότες τὸ κέρδος ἔνθεν οἰστέον 310
τὸ λοιπὸν ἁρπάζητε, καὶ μάθηθ' ὅτι
οὐκ ἐξ ἅπαντος δεῖ τὸ κερδαίνειν φιλεῖν.
(ἐκ τῶν γὰρ αἰσχρῶν λημμάτων) τοὺς πλείονας
ἀτωμένους ἴδοις ἂν ἢ σεσωσμένους.

ΦΥ. εἰπεῖν τι δώσεις, ἢ στραφεὶς οὕτως ἴω; 315
ΚΡ. οὐκ οἶσθα καὶ νῦν ὡς ἀνιαρῶς λέγεις;
ΦΥ. ἐν τοῖσιν ὠσὶν ἢ 'πὶ τῇ ψυχῇ δάκνει;
ΚΡ. τί δὲ ῥυθμίζεις τὴν ἐμὴν λύπην ὅπου;
ΦΥ. ὁ δρῶν σ' ἀνιᾷ τὰς φρένας, τὰ δ' ὦτ' ἐγώ.
ΚΡ. οἴμ' ὡς λάλημα δῆλον ἐκπεφυκὸς εἶ. 320
ΦΥ. οὔκουν τό γ' ἔργον τοῦτο ποιήσας ποτέ.
ΚΡ. καὶ ταῦτ' ἐπ' ἀργύρῳ γε τὴν ψυχὴν προδούς.
ΦΥ. φεῦ.
    ἦ δεινόν, ᾧ δοκεῖ γε, καὶ ψευδῆ δοκεῖν.
ΚΡ. κόμψευέ νυν τὴν δόξαν· εἰ δὲ ταῦτα μὴ
    φανεῖτέ μοι τοὺς δρῶντας, ἐξερεῖθ' ὅτι 325
    τὰ δειλὰ κέρδη πημονὰς ἐργάζεται.
ΦΥ. ἀλλ' εὑρεθείη μὲν μάλιστ'· ἐὰν δέ τοι
    ληφθῇ τε καὶ μή, τοῦτο γὰρ τύχη κρινεῖ,
    οὐκ ἔσθ' ὅπως ὄψει σὺ δεῦρ' ἐλθόντα με·
    καὶ νῦν γὰρ ἐκτὸς ἐλπίδος γνώμης τ' ἐμῆς 330
    σωθεὶς ὀφείλω τοῖς θεοῖς πολλὴν χάριν.

στρ. α΄. ΧΟ. πολλὰ τὰ δεινὰ κοὐδὲν ἀνθρώπου δεινότερον
    πέλει·
2 τοῦτο καὶ πολιοῦ πέραν πόντου χειμερίῳ νότῳ 335
3 χωρεῖ, περιβρυχίοισιν
4 περῶν ὑπ' οἴδμασιν·
5 θεῶν τε τὰν ὑπερτάταν, Γᾶν

318 δὲ r: δαὶ L.   321 τό γ' Reiske: τόδ' MSS.   323 ᾧ δοκεῖ L
(with ἢν and η written over ὧ and εἰ by the first hand): ἢν δοκῇ r.
326 τὰ δεινὰ L, vulg : γρ. τὰ δειλὰ S in L.

6 ἄφθιτον, ἀκαμάταν ἀποτρύεται,

7 ἰλλομένων ἀρότρων ἔτος εἰς ἔτος,   340

8 ἱππείῳ γένει πολεύων.

ἀντ. α΄.   κουφονόων τε φῦλον ὀρνίθων ἀμφιβαλὼν ἄγει   343

2 καὶ θηρῶν ἀγρίων ἔθνη πόντου τ᾽ εἰναλίαν

     φύσιν   345

3 σπείραισι δικτυοκλώστοις,

4 περιφραδὴς ἀνήρ·

5 κρατεῖ δὲ μηχαναῖς ἀγραύλου

6 θηρὸς ὀρεσσιβάτα, λασιαύχενά θ᾽   350

7 ἵππον ὀχμάζεται ἀμφὶ λόφον ζυγῶν,

8 οὔρειόν τ᾽ ἀκμῆτα ταῦρον.

στρ. β΄.   καὶ φθέγμα καὶ ἀνεμόεν   354

2 φρόνημα καὶ ἀστυνόμους ὀργὰς ἐδιδάξατο καὶ

     δυσαύλων

3 πάγων ἐναίθρεια καὶ δύσομβρα φεύγειν βέλη,

4 παντοπόρος· ἄπορος ἐπ᾽ οὐδὲν ἔρχεται   360

5 τὸ μέλλον· Ἅιδα μόνον φεῦξιν οὐκ ἐπάξεται·

6 νόσων δ᾽ ἀμηχάνων φυγὰς ξυμπέφρασται.

ἀντ. β΄.   σοφόν τι τὸ μηχανόεν   365

2 τέχνας ὑπὲρ ἐλπίδ᾽ ἔχων τοτὲ μὲν κακόν, ἄλλοτ᾽

     ἐπ᾽ ἐσθλὸν ἕρπει·

3 νόμους γεραίρων χθονὸς θεῶν τ᾽ ἔνορκον δίκαν,

4 ὑψίπολις· ἄπολις, ὅτῳ τὸ μὴ καλὸν   370

5 ξύνεστι τόλμας χάριν. μήτ᾽ ἐμοὶ παρέστιος

6 γένοιτο μήτ᾽ ἴσον φρονῶν, ὃς τάδ᾽ ἔρδει.   375

---

339 f. γρ. ἀποτρύεται ἰλλομένων S in marg. of L. ἀποτρύετ᾽ ἀπλομένων L (ΑΠΛ having become ΑΠΔ). ἀπλωμένων, εἰλομένων, or παλλομένων r. 351 ὀχμάζεται G. Schöne: ἕξεται L: ἄξεται r.—ἀμφὶ λόφον ζυγῷ Schöne and Franz (ζυγῶν J. W. Donaldson): ἀμφίλοφον ζυγὸν MSS. 357 ἐναίθρεια Helmke: αἴθρια MSS. 368 γεραίρων Reiske: περείρων MSS.

ἐς δαιμόνιον τέρας ἀμφινοῶ
τόδε· πῶς εἰδὼς ἀντιλογήσω
τήνδ' οὐκ εἶναι παῖδ' Ἀντιγόνην;
ὦ δύστηνος
καὶ δυστήνου πατρὸς Οἰδιπόδα,   380
τί ποτ'; οὐ δή που σέ γ' ἀπιστοῦσαν
τοῖς βασιλείοισιν ἄγουσι νόμοις
καὶ (ἐν ἀφροσύνῃ) καθελόντες;

ΦΥ. ἥδ' ἔστ' ἐκείνη τοὔργον ἡ 'ξειργασμένη·
τήνδ' εἵλομεν θάπτουσαν. ἀλλὰ ποῦ Κρέων; 385
ΧΟ. ὅδ' (ἐκ δόμων) ἄψορρος (ἐς δέον) περᾷ.
ΚΡ. τί δ' ἔστι; ποίᾳ ξύμμετρος προὔβην τύχῃ;
ΦΥ. ἄναξ, βροτοῖσιν οὐδέν ἐστ' ἀπώμοτον·
ψεύδει γὰρ ἡ 'πίνοιά τὴν γνώμην· ἐπεὶ
σχολῇ ποθ' ἥξειν δεῦρ' ἂν ἐξηύχουν ἐγώ, 390
ταῖς σαῖς ἀπειλαῖς, αἷς ἐχειμάσθην τότε·
ἀλλ' ἡ γὰρ (ἐκτὸς καὶ παρ' ἐλπίδας) χαρὰ
ἔοικεν ἄλλῃ μῆκος οὐδὲν ἡδονῇ,
ἥκω, δι' ὅρκων καίπερ ὢν ἀπώμοτος,
κόρην ἄγων τήνδ', ἣ καθῃρέθη τάφον 395
κοσμοῦσα. κλῆρος ἐνθάδ' οὐκ ἐπάλλετο,
ἀλλ' ἔστ' ἐμὸν θοὔρμαιον, οὐκ ἄλλου, τόδε.
καὶ νῦν, ἄναξ, τήνδ' αὐτός, ὡς θέλεις, λαβὼν
καὶ κρῖνε κἀξέλεγχ'· ἐγὼ δ' ἐλεύθερος
δίκαιός εἰμι τῶνδ' ἀπηλλάχθαι κακῶν. 400
ΚΡ. ἄγεις δὲ τήνδε τῷ τρόπῳ πόθεν λαβών;
ΦΥ. αὕτη τὸν ἄνδρ' ἔθαπτε· πάντ' ἐπίστασαι.
ΚΡ. ἦ καὶ ξυνίης καὶ λέγεις ὀρθῶς ἃ φής;

---

382 βασιλείοις L (whence Boeckh conj. ἀπάγουσι): corr. Triclinius.
384 ἡ om. L.   386 εἰς δέον r: εἰς μέσον L.   387 ξύμμετρος
ἐξέβην L (with προὔβην superscr. by S): ποία ξύμμετρος προύβη τύχη r.
395 καθῃρέθη anon. in *Class. Journ.* xvii. 58: καθευρέθη L, vulg.

ΦΤ.　ταύτην γ᾽ ἰδὼν θάπτουσαν ὃν σὺ τὸν νεκρὸν
　　　 ἀπεῖπας. ἆρ᾽ ἔνδηλα καὶ σαφῆ λέγω;　　　　　405
ΚΡ.　καὶ πῶς ὁρᾶται κἀπίληπτος ᾑρέθη;
ΦΤ.　τοιοῦτον ἦν τὸ πρᾶγμ᾽. ὅπως γὰρ ἥκομεν,
　　　 πρὸς σοῦ τὰ δείν᾽ ἐκεῖν᾽ ἐπηπειλημένοι,
　　　 πᾶσαν κόνιν σήραντες ἣ κατεῖχε τὸν
　　　 νέκυν, μυδῶν τε σῶμα γυμνώσαντες εὖ,　　　410
　　　 καθήμεθ᾽ ἄκρων ἐκ πάγων ὑπήνεμοι,
　　　 ὀσμὴν ἀπ᾽ αὐτοῦ μὴ βάλῃ πεφευγότες,
　　　 ἐγερτὶ κινῶν ἄνδρ᾽ ἀνὴρ ἐπιρρόθοις
　　　 κακοῖσιν, εἴ τις τοῦδ᾽ ἀκηδήσοι πόνου.
　　　 χρόνον τάδ᾽ ἦν τοσοῦτον, ἔστ᾽ ἐν αἰθέρι　　415
　　　 μέσῳ κατέστη λαμπρὸς ἡλίου κύκλος
　　　 καὶ καῦμ᾽ ἔθαλπε· καὶ τότ᾽ ἐξαίφνης χθονὸς
　　　 τυφὼς ἀείρας σκηπτόν, οὐράνιον ἄχος,
　　　 πίμπλησι πεδίον, πᾶσαν αἰκίζων φόβην
　　　 ὕλης πεδιάδος, ἐν δ᾽ ἐμεστώθη μέγας　　　420
　　　 αἰθήρ· μύσαντες δ᾽ εἴχομεν θείαν νόσον.
　　　 καὶ τοῦδ᾽ ἀπαλλαγέντος ἐν χρόνῳ μακρῷ,
　　　 ἡ παῖς ὁρᾶται, κἀνακωκύει πικρᾶς
　　　 ὄρνιθος ὀξὺν φθόγγον, ὡς ὅταν κενῆς
　　　 εὐνῆς νεοσσῶν ὀρφανὸν βλέψῃ λέχος·　　　425
　　　 οὕτω δὲ χαὕτη, ψιλὸν ὡς ὁρᾷ νέκυν,
　　　 γόοισιν ἐξῴμωξεν, ἐκ δ᾽ ἀρὰς κακὰς
　　　 ἠρᾶτο τοῖσι τοὔργον ἐξειργασμένοις.
　　　 καὶ χερσὶν εὐθὺς διψίαν φέρει κόνιν,
　　　 ἔκ τ᾽ εὐκροτήτου χαλκέας ἄρδην πρόχου　　430
　　　 χοαῖσι τρισπόνδοισι τὸν νέκυν στέφει.
　　　 χἠμεῖς ἰδόντες ἱέμεσθα, σὺν δέ νιν
　　　 θηρώμεθ᾽ εὐθὺς οὐδὲν ἐκπεπληγμένην·
　　　 καὶ τάς τε πρόσθεν τάς τε νῦν ἠλέγχομεν
　　　 πράξεις· ἄπαρνος δ᾽ οὐδενὸς καθίστατο,　　435

414 ἀκηδήσοι Bunitz: ἀφειδήσοι MSS.

ἅμ' ἡδέως ἔμοιγε κἀλγεινῶς ἅμα.
τὸ μὲν γὰρ αὐτὸν ἐκ κακῶν πεφευγέναι
ἥδιστον· ἐς κακὸν δὲ τοὺς φίλους ἄγειν
ἀλγεινόν. ἀλλὰ πάντα ταῦθ' ἥσσω λαβεῖν
ἐμοὶ πέφυκε τῆς ἐμῆς σωτηρίας.   440

ΚΡ. σὲ δή, σὲ τὴν νεύουσαν ἐς πέδον κάρα,
φής, ἢ καταρνεῖ μὴ δεδρακέναι τάδε;

ΑΝ. καὶ φημὶ δρᾶσαι κοὐκ ἀπαρνοῦμαι τὸ μή.

ΚΡ. σὺ μὲν κομίζοις ἂν σεαυτὸν ἧ θέλεις
ἔξω βαρείας αἰτίας ἐλεύθερον·   445
σὺ δ' εἰπέ μοι μὴ μῆκος, ἀλλὰ συντόμως,
ᾔδησθα κηρυχθέντα μὴ πράσσειν τάδε;

ΑΝ. ᾔδη· τί δ' οὐκ ἔμελλον; ἐμφανῆ γὰρ ἦν.

ΚΡ. καὶ δῆτ' ἐτόλμας τούσδ' ὑπερβαίνειν νόμους;

ΑΝ. οὐ γάρ τί μοι Ζεὺς ἦν ὁ κηρύξας τάδε,   450
οὐδ' ἡ ξύνοικος τῶν κάτω θεῶν Δίκη
τοιούσδ' ἐν ἀνθρώποισιν ὥρισεν νόμους·
οὐδὲ σθένειν τοσοῦτον ᾠόμην τὰ σὰ
κηρύγμαθ', ὥστ' ἄγραπτα κἀσφαλῆ θεῶν
νόμιμα δύνασθαι θνητὸν ὄνθ' ὑπερδραμεῖν·   455
οὐ γάρ τι νῦν γε κἀχθές, ἀλλ' ἀεί ποτε
ζῇ ταῦτα, κοὐδεὶς οἶδεν ἐξ ὅτου 'φάνη.
τούτων ἐγὼ οὐκ ἔμελλον, ἀνδρὸς οὐδενὸς
φρόνημα δείσασ', ἐν θεοῖσι τὴν δίκην
δώσειν. θανουμένη γὰρ ἐξῄδη, τί δ' οὔ;   460
κεἰ μὴ σὺ προὐκήρυξας· εἰ δὲ τοῦ χρόνου
πρόσθεν θανοῦμαι, κέρδος αὔτ' ἐγὼ λέγω.
ὅστις γὰρ ἐν πολλοῖσιν, ὡς ἐγώ, κακοῖς
ζῇ, πῶς ὅδ' οὐχὶ κατθανὼν κέρδος φέρει;
οὕτως ἔμοιγε τοῦδε τοῦ μόρου τυχεῖν   465
παρ' οὐδὲν ἄλγος· ἀλλ' ἄν, εἰ τὸν ἐξ ἐμῆς

436 ἅμ' Dindorf: ἀλλ' MSS.   447 ᾔδεις τὰ MSS.: corr. Cobet.
452 τοιούσδ'...ὥρισεν Valckenaer: οἱ τούσδ'...ὥρισαν MSS.

μητρὸς θανόντ' ἄθαπτον ἠνσχόμην νέκυν,
κείνοις ἂν ἤλγουν· τοῖσδε δ' οὐκ ἀλγύνομαι.
σοὶ δ' εἰ δοκῶ νῦν μῶρα δρῶσα τυγχάνειν,
σχεδόν τι μώρῳ μωρίαν ὀφλισκάνω.   470

XO. δηλοῖ τὸ γέννημ' ὠμὸν ἐξ ὠμοῦ πατρὸς
τῆς παιδός· εἴκειν δ' οὐκ ἐπίσταται κακοῖς.

KP. ἀλλ' ἴσθι τοι τὰ σκλήρ' ἄγαν φρονήματα
πίπτειν μάλιστα, καὶ τὸν ἐγκρατέστατον
σίδηρον ὀπτὸν ἐκ πυρὸς περισκελῆ   475
θραυσθέντα καὶ ῥαγέντα πλεῖστ' ἂν εἰσίδοις·
σμικρῷ χαλινῷ δ' οἶδα τοὺς θυμουμένους
ἵππους καταρτυθέντας· οὐ γὰρ ἐκπέλει
φρονεῖν μέγ' ὅστις δοῦλός ἐστι τῶν πέλας.
αὕτη δ' ὑβρίζειν μὲν τότ' ἐξηπίστατο,   480
νόμους ὑπερβαίνουσα τοὺς προκειμένους·
ὕβρις δ', ἐπεὶ δέδρακεν, ἥδε δευτέρα,
τούτοις ἐπαυχεῖν καὶ δεδρακυῖαν γελᾶν.
ἦ νῦν ἐγὼ μὲν οὐκ ἀνήρ, αὕτη δ' ἀνήρ,
εἰ ταῦτ' ἀνατὶ τῇδε κείσεται κράτη.   485
ἀλλ' εἴτ' ἀδελφῆς εἴθ' ὁμαιμονεστέρα
τοῦ παντὸς ἡμῖν Ζηνὸς ἑρκείου κυρεῖ,
αὐτή τε χἠ ξύναιμος οὐκ ἀλύξετον
μόρου κακίστου· καὶ γὰρ οὖν κείνην ἴσον
ἐπαιτιῶμαι τοῦδε βουλεῦσαι τάφου.   490
καί νιν καλεῖτ'· ἔσω γὰρ εἶδον ἀρτίως
λυσσῶσαν αὐτὴν οὐδ' ἐπήβολον φρενῶν·
φιλεῖ δ' ὁ θυμὸς πρόσθεν ᾑρῆσθαι κλοπεὺς
τῶν μηδὲν ὀρθῶς ἐν σκότῳ τεχνωμένων.
μισῶ γε μέντοι χὤταν ἐν κακοῖσί τις   495
ἁλοὺς ἔπειτα τοῦτο καλλύνειν θέλῃ.

ΑΝ. θέλεις τι μεῖζον ἢ κατακτεῖναί μ' ἑλών;

467 ἠνσχόμην A: ἠισχόμην L (ἠνεσχόμην and ἠνειχόμην r). ᾔσχυναν
κύνες conj. Semitelos.   486 ὁμαιμονεστέρα Lᶜ, -αις L¹: -ας r, vulg.

ΚΡ. ἐγὼ μὲν οὐδέν· τοῦτ' ἔχων ἅπαντ' ἔχω.

ΑΝ. τί δῆτα μέλλεις; ὡς ἐμοὶ τῶν σῶν λόγων
   ἀρεστὸν οὐδέν, μηδ' ἀρεσθείη ποτέ·   500
   οὕτω δὲ καὶ σοὶ τἄμ' ἀφανδάνοντ' ἔφυ.
   καίτοι πόθεν κλέος γ' ἂν εὐκλεέστερον
   κατέσχον ἢ τὸν αὐτάδελφον ἐν τάφῳ
   τιθεῖσα; τούτοις τοῦτο πᾶσιν ἁνδάνειν
   λέγοιτ' ἄν, εἰ μὴ γλῶσσαν ἐγκλῄοι φόβος.   505
   ἀλλ' ἡ τυραννὶς πολλά τ' ἄλλ' εὐδαιμονεῖ,
   κἄξεστιν αὐτῇ δρᾶν λέγειν θ' ἃ βούλεται.

ΚΡ. σὺ τοῦτο μούνη τῶνδε Καδμείων ὁρᾷς.

ΑΝ. ὁρῶσι χοὖτοι· σοὶ δ' ὑπίλλουσιν στόμα.

ΚΡ. σὺ δ' οὐκ ἐπαιδεῖ, τῶνδε χωρὶς εἰ φρονεῖς;   510

ΑΝ. οὐδὲν γὰρ αἰσχρὸν τοὺς ὁμοσπλάγχνους σέβειν.

ΚΡ. οὔκουν ὅμαιμος χὠ καταντίον θανών;

ΑΝ. ὅμαιμος ἐκ μιᾶς τε καὶ ταὐτοῦ πατρός.

ΚΡ. πῶς δῆτ' ἐκείνῳ δυσσεβῆ τιμᾷς χάριν;

ΑΝ. οὐ μαρτυρήσει ταῦθ' ὁ κατθανὼν νέκυς.   515

ΚΡ. εἴ τοί σφε τιμᾷς ἐξ ἴσου τῷ δυσσεβεῖ.

ΑΝ. οὐ γάρ τι δοῦλος, ἀλλ' ἀδελφὸς ὤλετο.

ΚΡ. πορθῶν δὲ τήνδε γῆν· ὁ δ' ἀντιστὰς ὕπερ.

ΑΝ. ὅμως ὅ γ' Ἅιδης τοὺς νόμους τούτους ποθεῖ.

ΚΡ. ἀλλ' οὐχ ὁ χρηστὸς τῷ κακῷ λαχεῖν ἴσους.   520

ΑΝ. τίς οἶδεν εἰ κάτωθεν εὐαγῆ τάδε;

ΚΡ. οὔτοι ποθ' οὑχθρός, οὐδ' ὅταν θάνῃ, φίλος.

ΑΝ. οὔτοι συνέχθειν, ἀλλὰ συμφιλεῖν ἔφυν.

ΚΡ. κάτω νυν ἐλθοῦσ', εἰ φιλητέον, φίλει
   κείνους· ἐμοῦ δὲ ζῶντος οὐκ ἄρξει γυνή.   525

ΧΟ. καὶ μὴν πρὸ πυλῶν ἥδ' Ἰσμήνη,

---

504 ἁνδάνειν A: ἁνδάνει L, vulg.   505 ἐγκλῄοι Schaefer:
ἐγκλείσοι L: ἐγκλήσοι or ἐκκλείσοι r.   518 πορθῶν δὲ L, vulg.:
πορθῶν γε r.   520 ἴσους conj. Nauck (who however prefers ἴσα): ἴσος
MSS.   521 γρ. κάτωθεν S in L: κάτω 'στὶν MSS.

φιλάδελφα κάτω δάκρυ' εἰβομένη·
νεφέλη δ' ὀφρύων ὕπερ αἱματόεν
ῥέθος αἰσχύνει,
τέγγουσ' εὐῶπα παρειάν.   530

ΚΡ. σὺ δ', ἢ κατ' οἴκους ὡς ἔχιδν' ὑφειμένη
λήθουσά μ' ἐξέπινες, οὐδ' ἐμάνθανον
τρέφων δύ' ἄτα κἀπαναστάσεις θρόνων,
φέρ', εἰπὲ δή μοι, καὶ σὺ τοῦδε τοῦ τάφου
φήσεις μετασχεῖν, ἢ 'ξομεῖ τὸ μὴ εἰδέναι;   535

ΙΣ. δέδρακα τοὔργον, εἴπερ ἥδ' ὁμορροθεῖ,
καὶ ξυμμετίσχω καὶ φέρω τῆς αἰτίας.

ΑΝ. ἀλλ' οὐκ ἐάσει τοῦτό γ' ἡ δίκη σ', ἐπεὶ
οὔτ' ἠθέλησας οὔτ' ἐγὼ 'κοινωσάμην.

ΙΣ. ἀλλ' ἐν κακοῖς τοῖς σοῖσιν οὐκ αἰσχύνομαι   540
ξύμπλουν ἐμαυτὴν τοῦ πάθους ποιουμένη.

ΑΝ. ὧν τοὔργον, Ἅιδης χοἰ κάτω ξυνίστορες·
λόγοις δ' ἐγὼ φιλοῦσαν οὐ στέργω φίλην.

ΙΣ. μήτοι, κασιγνήτη, μ' ἀτιμάσῃς τὸ μὴ οὐ
θανεῖν τε σὺν σοὶ τὸν θανόντα θ' ἁγνίσαι.   545

ΑΝ. μή μοι θάνῃς σὺ κοινά, μηδ' ἃ μὴ 'θιγες
ποιοῦ σεαυτῆς· ἀρκέσω θνήσκουσ' ἐγώ.

ΙΣ. καὶ τίς βίος μοι σοῦ λελειμμένῃ φίλος;

ΑΝ. Κρέοντ' ἐρώτα· τοῦδε γὰρ σὺ κηδεμών.

ΙΣ. τί ταῦτ' ἀνιᾷς μ', οὐδὲν ὠφελουμένη;   550

ΑΝ. ἀλγοῦσα μὲν δῆτ', εἰ γελῶ γ', ἐν σοὶ γελῶ.

ΙΣ. τί δῆτ' ἂν ἀλλὰ νῦν σ' ἔτ' ὠφελοῖμ' ἐγώ;

ΑΝ. σῶσον σεαυτήν· οὐ φθονῶ σ' ὑπεκφυγεῖν.

ΙΣ. οἴμοι τάλαινα, κἀμπλάκω τοῦ σοῦ μόρου;

ΑΝ. σὺ μὲν γὰρ εἵλου ζῆν, ἐγὼ δὲ κατθανεῖν.   555

ΙΣ. ἀλλ' οὐκ ἐπ' ἀρρήτοις γε τοῖς ἐμοῖς λόγοις.

527 δάκρυ' εἰβομένη Triclinius: δάκρυα λειβόμενα L (λειβομένα or -η r).   535 τὸ μ' εἰδέναι L (τό made from τὸ).   551 γελῶ γ Heath: γελῶτ' L, γέλωτ' r.

ΑΝ. καλῶς σὺ μὲν τοῖς, τοῖς δ᾽ ἐγὼ ᾽δόκουν φρονεῖν.
ΙΣ. καὶ μὴν ἴση νῶν ἐστιν ἡ ᾽ξαμαρτία.
ΑΝ. θάρσει· σὺ μὲν ζῇς, ἡ δ᾽ ἐμὴ ψυχὴ πάλαι
τέθνηκεν, ὥστε τοῖς θανοῦσιν ὠφελεῖν. 560
ΚΡ. τὼ παῖδε φημὶ τώδε τὴν μὲν ἀρτίως
ἄνουν πεφάνθαι, τὴν δ᾽ ἀφ᾽ οὗ τὰ πρῶτ᾽ ἔφυ.
ΙΣ. οὐ γάρ ποτ᾽, ὦναξ, οὐδ᾽ ὃς ἂν βλάστῃ μένει
νοῦς τοῖς κακῶς πράσσουσιν, ἀλλ᾽ ἐξίσταται.
ΚΡ. σοὶ γοῦν, ὅθ᾽ εἵλου σὺν κακοῖς πράσσειν κακά. 565
ΙΣ. τί γὰρ μόνῃ μοι τῆσδ᾽ ἄτερ βιώσιμον;
ΚΡ. ἀλλ᾽ ἥδε μέντοι μὴ λέγ᾽· οὐ γὰρ ἔστ᾽ ἔτι.
ΙΣ. ἀλλὰ κτενεῖς νυμφεῖα τοῦ σαυτοῦ τέκνου;
ΚΡ. ἀρώσιμοι γὰρ χἀτέρων εἰσὶν γύαι.
ΙΣ. οὐχ ὥς γ᾽ ἐκείνῳ τῇδέ τ᾽ ἦν ἡρμοσμένα. 570
ΚΡ. κακὰς ἐγὼ γυναῖκας υἱέσι στυγῶ.
ΑΝ. ὦ φίλταθ᾽ Αἶμον, ὥς σ᾽ ἀτιμάζει πατήρ.
ΚΡ. ἄγαν γε λυπεῖς καὶ σὺ καὶ τὸ σὸν λέχος.
ΧΟ. ἦ γὰρ στερήσεις τῆσδε τὸν σαυτοῦ γόνον;
ΚΡ. Ἅιδης ὁ παύσων τούσδε τοὺς γάμους ἐμοί. 575
ΧΟ. δεδογμέν᾽, ὡς ἔοικε, τήνδε κατθανεῖν.
ΚΡ. καὶ σοί γε κἀμοί. μὴ τριβὰς ἔτ᾽, ἀλλά νιν
κομίζετ᾽ εἴσω, δμῶες· ἐκ δὲ τοῦδε χρὴ
γυναῖκας εἶναι τάσδε μηδ᾽ ἀνειμένας.
φεύγουσι γάρ τοι χοἰ θρασεῖς, ὅταν πέλας 580
ἤδη τὸν Ἅιδην εἰσορῶσι τοῦ βίου.

στρ. α΄. ΧΟ. εὐδαίμονες οἷσι κακῶν ἄγευστος αἰών.
2 οἷς γὰρ ἂν σεισθῇ θεόθεν δόμος, ἄτας
3 οὐδὲν ἐλλείπει, γενεᾶς ἐπὶ πλῆθος ἕρπον· 585

557 μὲν τοῖς Α: μέν τοι L. 567 μέντοι Brunck: μέν σοι L, vulg.: μέν τοι σοὶ E. 572 Given in the Aldine ed. (1502 A.D.) to Antigone; in the MSS., to Ismene. 574 Given by Boeckh to the Chorus; in the MSS., to Ismene. 576 Given in L to the Chorus; in most of the later MSS., to Ismene.

4 ὅμοιον ὥστε ποντίαις οἶδμα δυσπνόοις ὅταν
5 Θρήσσαισιν ἔρεβος ὕφαλον ἐπιδράμῃ πνοαῖς,
6 κυλίνδει βυσσόθεν κελαινὰν θῖνα, καὶ   590
7 δυσάνεμοι στόνῳ βρέμουσιν ἀντιπλῆγες ἀκταί.

ἀντ. ά.   ἀρχαῖα τὰ Λαβδακιδᾶν οἴκων ὁρῶμαι   593
2 πήματα φθιτῶν ἐπὶ πήμασι πίπτοντ᾽,   595
3 οὐδ᾽ ἀπαλλάσσει γενεὰν γένος, ἀλλ᾽ ἐρείπει
4 θεῶν τις, οὐδ᾽ ἔχει λύσιν. νῦν γὰρ ἐσχάτας ὑπὲρ
5 ῥίζας ὃ τέτατο φάος ἐν Οἰδίπου δόμοις,   600
6 κατ᾽ αὖ νιν φοινία θεῶν τῶν νερτέρων
7 ἀμᾷ κόνις, λόγου τ᾽ ἄνοια καὶ φρενῶν ἐρινύς.

στρ. β´.   τεάν, Ζεῦ, δύνασιν τίς ἀνδρῶν ὑπερβασία κατά-
σχοι;   605
2 τὰν οὔθ᾽ ὕπνος αἱρεῖ ποθ᾽ ὁ πάντ᾽ ἀγρεύων,
3 οὔτε θεῶν ἄκματοι μῆνες, ἀγήρως δὲ χρόνῳ
4 δυνάστας κατέχεις Ὀλύμπου μαρμαρόεσσαν αἴ-
γλαν.   610
5 τό τ᾽ ἔπειτα καὶ τὸ μέλλον
6 καὶ τὸ πρὶν ἐπαρκέσει
7 νόμος ὅδ᾽· οὐδὲν ἕρπει
8 θνατῶν βιότῳ πάμπολύ γ᾽ ἐκτὸς ἄτας.

ἀντ. β´.   ἁ γὰρ δὴ πολύπλαγκτος ἐλπὶς πολλοῖς μὲν ὄνασις
ἀνδρῶν,   616
2 πολλοῖς δ᾽ ἀπάτα κουφονόων ἐρώτων·
3 εἰδότι δ᾽ οὐδὲν ἕρπει, πρὶν πυρὶ θερμῷ πόδα τις

---

591 δυσάνεμοι Bergk: δυσάνεμον MSS.   595 φθιτῶν Dindorf:
φθιμένων MSS.   600 ὃ add. Hermann.   602 κόνις MSS.: κοπὶς
conj. J. Jortin, Askew, Reiske.   606 πάντ᾽ ἀγρεύων J.: παντογήρως L,
vulg.: πανταγήρως A.   607 οὔτε θεῶν ἄκμητοι Hermann: οὔτ᾽ ἀκάματοι
θεῶν MSS.   614 πάμπολύ γ᾽ Heath: πάμπολις L, vulg. (πάμπολιν Vat.,
made from πάμπολϋν).

4 προσαύσῃ. σοφίᾳ γὰρ ἔκ του κλεινὸν ἔπος πέ-
   φανται,   621
5 τὸ κακὸν δοκεῖν ποτ᾽ ἐσθλὸν
6 τῷδ᾽ ἔμμεν ὅτῳ φρένας·
7 θεὸς ἄγει πρὸς ἄταν·
8 πράσσει δ᾽ ὀλίγιστον χρόνον ἐκτὸς ἄτας.   625

ὅδε μὴν Αἵμων, παίδων τῶν σῶν
νέατον γέννημ᾽· ἆρ᾽ ἀχνύμενος
τῆς μελλογάμου
τάλιδος ἥκει μόρον Ἀντιγόνης,
ἀπάτας λεχέων ὑπεραλγῶν;   630

ΚΡ. τάχ᾽ εἰσόμεσθα μάντεων ὑπέρτερον.
ὦ παῖ, τελείαν ψῆφον ἆρα μὴ κλύων
τῆς μελλονύμφου πατρὶ λυσσαίνων πάρει;
ἢ σοὶ μὲν ἡμεῖς πανταχῇ δρῶντες φίλοι;

ΑΙΜΩΝ.

πάτερ, σός εἰμι· καὶ σύ μοι γνώμας ἔχων   635
χρηστὰς ἀπορθοῖς, αἷς ἔγωγ᾽ ἐφέψομαι.
ἐμοὶ γὰρ οὐδεὶς ἀξιώσεται γάμος
μείζων φέρεσθαι σοῦ καλῶς ἡγουμένου.
ΚΡ. οὕτω γάρ, ὦ παῖ, χρὴ διὰ στέρνων ἔχειν,
γνώμης πατρῴας πάντ᾽ ὄπισθεν ἑστάναι.   640
τούτου γὰρ οὕνεκ᾽ ἄνδρες εὔχονται γονὰς
κατηκόους φύσαντες ἐν δόμοις ἔχειν,
ὡς καὶ τὸν ἐχθρὸν ἀνταμύνωνται κακοῖς,
καὶ τὸν φίλον τιμῶσιν ἐξ ἴσου πατρί.
ὅστις δ᾽ ἀνωφέλητα φιτύει τέκνα,   645

---

625 ὀλιγοστὸν r (ὀλίγωστὸν L): corr. Bergk.   628 f. τῆς μελλογάμου
νύμφης | τάλιδος MSS.: corr. Brunck. (Triclinius del. τῆς μελλογάμου
νύμφης.)   637 ἀξιώσεται Musgrave: ἀξίως ἔσται L, vulg.   645 φυ-
τεύει MSS.: corr. Brunck.

ΑΝΤΙΓΟΝΗ

τί τόνδ' ἂν εἴποις ἄλλο πλὴν αὐτῷ πόνους
φῦσαι, πολὺν δὲ τοῖσιν ἐχθροῖσιν γέλων;
μή νύν ποτ', ὦ παῖ, τὰς φρένας γ' ὑφ' ἡδονῆς
γυναικὸς οὔνεκ' ἐκβάλῃς, εἰδὼς ὅτι
ψυχρὸν παραγκάλισμα τοῦτο γίγνεται,   650
γυνὴ κακὴ ξύνευνος ἐν δόμοις. τί γὰρ
γένοιτ' ἂν ἕλκος μεῖζον ἢ φίλος κακός;
ἀλλὰ πτύσας ὡσεί τε δυσμενῆ μέθες
τὴν παῖδ' ἐν Ἅιδου τήνδε νυμφεύειν τινί.
ἐπεὶ γὰρ αὐτὴν εἷλον ἐμφανῶς ἐγὼ   655
πόλεως ἀπιστήσασαν ἐκ πάσης μόνην,
ψευδῆ γ' ἐμαυτὸν οὐ καταστήσω πόλει,
ἀλλὰ κτενῶ. πρὸς ταῦτ' ἐφυμνείτω Δία
ξύναιμον· εἰ γὰρ δὴ τά γ' ἐγγενῆ φύσει
ἄκοσμα θρέψω, κάρτα τοὺς ἔξω γένους.   660
ἐν τοῖς γὰρ οἰκείοισιν ὅστις ἔστ' ἀνὴρ
χρηστός, φανεῖται κἀν πόλει δίκαιος ὤν·
ὅστις δ' ὑπερβὰς ἢ νόμους βιάζεται,
ἢ τοὐπιτάσσειν τοῖς κρατύνουσιν νοεῖ,
οὐκ ἔστ' ἐπαίνου τοῦτον ἐξ ἐμοῦ τυχεῖν.   665
ἀλλ' ὃν πόλις στήσειε, τοῦδε χρὴ κλύειν
καὶ σμικρὰ καὶ δίκαια καὶ τἀναντία·
καὶ τοῦτον ἂν τὸν ἄνδρα θαρσοίην ἐγὼ
καλῶς μὲν ἄρχειν, εὖ δ' ἂν ἄρχεσθαι θέλειν,
δορός τ' ἂν ἐν χειμῶνι προστεταγμένον   670
μένειν δίκαιον κἀγαθὸν παραστάτην.
ἀναρχίας δὲ μεῖζον οὐκ ἔστιν κακόν.
αὕτη πόλεις ὄλλυσιν, ἥδ' ἀναστάτους
οἴκους τίθησιν· ἥδε συμμάχου δορὸς
τροπὰς καταρρήγνυσι· τῶν δ' ὀρθουμένων   675
σῴζει τὰ πολλὰ σώμαθ' ἡ πειθαρχία.

648 φρένας γ'] γ' add. Triclinius.   659 τά γ' Erfurdt: τάτ' L (τάδ' r).
674 συμμάχου.Reiske, Bothe: συμμάχηι L: σὺν μάχῃ r.

οὕτως ἀμυντέ ἐστι τοῖς κοσμουμένοις,
κυῦτοι γυναικὸς οὐδαμῶς ἡσσητέα.
κρεῖσσον γάρ, εἴπερ δεῖ, πρὸς ἀνδρὸς ἐκπεσεῖν,
κοὐκ ἂν γυναικῶν ἥσσονες καλοίμεθ' ἄν.　　　680
ΧΟ. ἡμῖν μέν, εἰ μὴ τῷ χρόνῳ κεκλέμμεθα,
λέγειν φρονούντως ὧν λέγεις δοκεῖς πέρι.
ΑΙ. πάτερ, θεοὶ φύουσιν ἀνθρώποις φρένας,
πάντων ὅσ' ἐστὶ κτημάτων ὑπέρτατον.
ἐγὼ δ' ὅπως σὺ μὴ λέγεις ὀρθῶς τάδε,　　　685
οὔτ' ἂν δυναίμην μήτ' ἐπισταίμην λέγειν·
γένοιτο μεντἂν χἀτέρῳ καλῶς ἔχον.
σοῦ δ' οὖν πέφυκα πάντα προσκοπεῖν ὅσα
λέγει τις ἢ πράσσει τις ἢ ψέγειν ἔχει.
τὸ γὰρ σὸν ὄμμα δεινὸν ἀνδρὶ δημότῃ　　　690
λόγοις τοιούτοις οἷς σὺ μὴ τέρψει κλύων·
ἐμοὶ δ' ἀκούειν ἔσθ' ὑπὸ σκότου τάδε,
τὴν παῖδα ταύτην οἷ' ὀδύρεται πόλις,
πασῶν γυναικῶν ὡς ἀναξιωτάτη
κάκιστ' ἀπ' ἔργων εὐκλεεστάτων φθίνει·　　　695
ἥτις τὸν αὑτῆς αὐτάδελφον ἐν φοναῖς
πεπτῶτ' ἄθαπτον μήθ' ὑπ' ὠμηστῶν κυνῶν
εἴασ' ὀλέσθαι μήθ' ὑπ' οἰωνῶν τινός·
οὐχ ἥδε χρυσῆς ἀξία τιμῆς λαχεῖν;
τοιάδ' ἐρεμνὴ σῖγ' ἐπέρχεται φάτις.　　　700
ἐμοὶ δὲ σοῦ πράσσοντος εὐτυχῶς, πάτερ,
οὐκ ἔστιν οὐδὲν κτῆμα τιμιώτερον.
τί γὰρ πατρὸς θάλλοντος εὐκλείας τέκνοις
ἄγαλμα μεῖζον, ἢ τί πρὸς παίδων πατρί;
μὴ νυν ἓν ἦθος μοῦνον ἐν σαυτῷ φόρει,　　　705
ὡς φὴς σύ, κοὐδὲν ἄλλο, τοῦτ' ὀρθῶς ἔχειν.
ὅστις γὰρ αὐτὸς ἢ φρονεῖν μόνος δοκεῖ,

684　κτημάτων] χρημάτων MSS. (but L has κτ superscr. by the first hand).
690　τὸ σὸν γὰρ r.　　　703　εὐκλείᾳ conj. T. Johnson.

ἢ γλῶσσαν, ἣν οὐκ ἄλλος, ἢ ψυχὴν ἔχειν,
οὗτοι διαπτυχθέντες ὤφθησαν κενοί.
ἀλλ᾽ ἄνδρα, κεἴ τις ᾖ σοφός, τὸ μανθάνειν   710
πόλλ᾽ αἰσχρὸν οὐδὲν καὶ τὸ μὴ τείνειν ἄγαν.
ὁρᾷς παρὰ ῥείθροισι χειμάρροις ὅσα
δένδρων ὑπείκει, κλῶνας ὡς ἐκσῴζεται·
τὰ δ᾽ ἀντιτείνοντ᾽ αὐτόπρεμν᾽ ἀπόλλυται.
αὕτως δὲ ναὸς ὅστις ἐγκρατῇ πόδα   715
τείνας ὑπείκει μηδέν, ὑπτίοις κάτω
στρέψας τὸ λοιπὸν σέλμασιν ναυτίλλεται.
ἀλλ᾽ εἶκε θυμοῦ καὶ μετάστασιν δίδου.
γνώμη γὰρ εἴ τις κἀπ᾽ ἐμοῦ νεωτέρου
πρόσεστι, φήμ᾽ ἔγωγε πρεσβεύειν πολὺ   720
φῦναι τὸν ἄνδρα πάντ᾽ ἐπιστήμης πλέων·
εἰ δ᾽ οὖν, φιλεῖ γὰρ τοῦτο μὴ ταύτῃ ῥέπειν,
καὶ τῶν λεγόντων εὖ καλὸν τὸ μανθάνειν.
ΧΟ. ἄναξ, σέ τ᾽ εἰκός, εἴ τι καίριον λέγει,
μαθεῖν, σέ τ᾽ αὖ τοῦδ᾽· εὖ γὰρ εἴρηται διπλᾶ. 725
ΚΡ. οἱ τηλικοίδε καὶ διδαξόμεσθα δὴ
φρονεῖν ὑπ᾽ ἀνδρὸς τηλικοῦδε τὴν φύσιν;
ΑΙ. μηδὲν τὸ μὴ δίκαιον· εἰ δ᾽ ἐγὼ νέος,
οὐ τὸν χρόνον χρὴ μᾶλλον ἢ τἄργα σκοπεῖν.
ΚΡ. ἔργον γάρ ἐστι τοὺς ἀκοσμοῦντας σέβειν;   730
ΑΙ. οὐδ᾽ ἂν κελεύσαιμ᾽ εὐσεβεῖν εἰς τοὺς κακούς.
ΚΡ. οὐχ ἥδε γὰρ τοιᾷδ᾽ ἐπείληπται νόσῳ;
ΑΙ. οὔ φησι Θήβης τῆσδ᾽ ὁμόπτολις λεώς.
ΚΡ. πόλις γὰρ ἡμῖν ἁμὲ χρὴ τάσσειν ἐρεῖ;
ΑΙ. ὁρᾷς τόδ᾽ ὡς εἴρηκας ὡς ἄγαν νέος;   735
ΚΡ. ἄλλῳ γὰρ ἢ ᾽μοὶ χρή με τῆσδ᾽ ἄρχειν χθονός;
ΑΙ. πόλις γὰρ οὐκ ἔσθ᾽ ἥτις ἀνδρός ἐσθ᾽ ἑνός.
ΚΡ. οὐ τοῦ κρατοῦντος ἡ πόλις νομίζεται;

---

718 θυμοῦ r: θυμῶι L, A.   725 διπλᾶ r: διπλᾶι L (διπλῇ Hermann).
736 ἄλλωι γὰρ ἢ (sic) μοι χρῆ γε L: corr. Dobree.

ΑΙ. καλῶς ἐρήμης γ᾽ ἂν σὺ γῆς ἄρχοις μόνος.

ΚΡ. ὅδ᾽, ὡς ἔοικε, τῇ γυναικὶ συμμαχεῖ.　　　　740

ΑΙ. εἴπερ γυνὴ σύ· σοῦ γὰρ οὖν προκήδομαι.

ΚΡ. ὦ παγκάκιστε, διὰ δίκης ἰὼν πατρί.

ΑΙ. οὐ γὰρ δίκαιά σ᾽ ἐξαμαρτάνονθ᾽ ὁρῶ.

ΚΡ. ἁμαρτάνω γὰρ τὰς ἐμὰς ἀρχὰς σέβων;

ΑΙ. οὐ γὰρ σέβεις, τιμάς γε τὰς θεῶν πατῶν.　　745

ΚΡ. ὦ μιαρὸν ἦθος καὶ γυναικὸς ὕστερον.

ΑΙ. οὔ τἂν ἕλοις ἥσσω γε τῶν αἰσχρῶν ἐμέ.

ΚΡ. ὁ γοῦν λόγος σοι πᾶς ὑπὲρ κείνης ὅδε.

ΑΙ. καὶ σοῦ γε κἀμοῦ, καὶ θεῶν τῶν νερτέρων.

ΚΡ. ταύτην ποτ᾽ οὐκ ἔσθ᾽ ὡς ἔτι ζῶσαν γαμεῖς.　750

ΑΙ. ἥδ᾽ οὖν θανεῖται καὶ θανοῦσ᾽ ὀλεῖ τινα.

ΚΡ. ἦ κἀπαπειλῶν ὧδ᾽ ἐπεξέρχει θρασύς;

ΑΙ. τίς δ᾽ ἔστ᾽ ἀπειλὴ πρὸς κενὰς γνώμας λέγειν;

ΚΡ. κλαίων φρενώσεις, ὢν φρενῶν αὐτὸς κενός.

ΑΙ. εἰ μὴ πατὴρ ἦσθ᾽, εἶπον ἄν σ᾽ οὐκ εὖ φρονεῖν. 755

ΚΡ. γυναικὸς ὢν δούλευμα, μὴ κώτιλλέ με.

ΑΙ. βούλει λέγειν τι καὶ λέγων μηδὲν κλύειν;

ΚΡ. ἄληθες; ἀλλ᾽ οὐ, τόνδ᾽ Ὄλυμπον, ἴσθ᾽ ὅτι,
χαίρων ἐπὶ ψόγοισι δεννάσεις ἐμέ.
ἄγετε τὸ μῖσος, ὡς κατ᾽ ὄμματ᾽ αὐτίκα　　　760
παρόντι θνῄσκῃ πλησία τῷ νυμφίῳ.

ΑΙ. οὐ δῆτ᾽ ἔμοιγε, τοῦτο μὴ δόξῃς ποτέ,
οὔθ᾽ ἥδ᾽ ὀλεῖται πλησία, σύ τ᾽ οὐδαμὰ
τοὐμὸν προσόψει κρᾶτ᾽ ἐν ὀφθαλμοῖς ὁρῶν,
ὡς τοῖς θέλουσι τῶν φίλων μαίνῃ ξυνών.　　　765

ΧΟ. ἁνήρ, ἄναξ, βέβηκεν ἐξ ὀργῆς ταχύς·
νοῦς δ᾽ ἐστὶ τηλικοῦτος ἀλγήσας βαρύς.

ΚΡ. δράτω, φρονείτω μεῖζον ἢ κατ᾽ ἄνδρ᾽ ἰών·
τὼ δ᾽ οὖν κόρα τώδ᾽ οὐκ ἀπαλλάξει μόρου.

747　οὔ τἂν Elmsley: οὐ κἂν (i.e. οὐκ ἂν) L.　　757　κλύειν r: λέγειν L.
760　ἄγετε r: ἄγαγε L.

ΧΟ. ἄμφω γὰρ αὐτὼ καὶ κατακτεῖναι νοεῖς;   770
ΚΡ. οὐ τήν γε μὴ θιγοῦσαν· εὖ γὰρ οὖν λέγεις.
ΧΟ. μόρῳ δὲ ποίῳ καί σφε βουλεύει κτανεῖν;
ΚΡ. ἄγων ἔρημος ἔνθ᾿ ἂν ᾖ βροτῶν στίβος
    κρύψω πετρώδει ζῶσαν ἐν κατώρυχι,
    φορβῆς τοσοῦτον ὡς ἄγος μόνον προθείς,   775
    ὅπως μίασμα πᾶσ᾿ ὑπεκφύγῃ πόλις.
    κἀκεῖ τὸν Ἅιδην, ὃν μόνον σέβει θεῶν,
    αἰτουμένη που τεύξεται τὸ μὴ θανεῖν,
    ἢ γνώσεται γοῦν ἀλλὰ τηνικαῦθ᾿ ὅτι
    πόνος περισσός ἐστι τὰν Ἅιδου σέβειν.   780

στρ. ΧΟ. Ἔρως ἀνίκατε μάχαν, Ἔρως, ὃς ἐν κτήμασι
    πίπτεις,
  2 ὃς ἐν μαλακαῖς παρειαῖς νεάνιδος ἐννυχεύεις,
  3 φοιτᾷς δ᾿ ὑπερπόντιος ἔν τ᾿ ἀγρονόμοις αὐλαῖς· 785
  4 καί σ᾿ οὔτ᾿ ἀθανάτων φύξιμος οὐδεὶς
  5 οὔθ᾿ ἁμερίων σέ γ᾿ ἀνθρώπων, ὁ δ᾿ ἔχων μέ-
    μηνεν.   790

ἀντ.   σὺ καὶ δικαίων ἀδίκους φρένας παρασπᾷς ἐπὶ λώβᾳ·
  2 σὺ καὶ τόδε νεῖκος ἀνδρῶν ξύναιμον ἔχεις ταράξας·
  3 νικᾷ δ᾿ ἐναργὴς βλεφάρων ἵμερος εὐλέκτρου 795
  4 νύμφας, τῶν μεγάλων πάρεδρος ἐν ἀρχαῖς
  5 θεσμῶν· ἄμαχος γὰρ ἐμπαίζει θεὸς Ἀφροδίτα. 799

    νῦν δ᾿ ἤδη ᾿γὼ καὐτὸς θεσμῶν
    ἔξω φέρομαι τάδ᾿ ὁρῶν, ἴσχειν δ᾿
    οὐκέτι πηγὰς δύναμαι δακρύων,
    τὸν παγκοίτην ὅθ᾿ ὁρῶ θάλαμον
    τήνδ᾿ Ἀντιγόνην ἀνύτουσαν.   805

---

790 σέ γ᾿ ἀνθρώπων Nauck : ἐπ᾿ ἀνθρώπων L, vulg. (ἀπ᾿ ἀνθρώπων r.)
797 πάρεδρος ἐν ἀρχαῖς MSS.: ὥστε πέρα δρᾶν conj. Semitelos.

στρ. ά. ΑΝ. ὁρᾶτ' ἔμ', ὦ γᾶς πατρίας πολῖται, τὰν νεάταν
ὁδὸν

2 στείχουσαν, νέατον δὲ φέγγος λεύσσουσαν ἀελίου,
3 κοὔποτ' αὖθις· ἀλλά μ' ὁ παγκοίτας Ἅιδας ζῶσαν
ἄγει
4 τὰν Ἀχέροντος   812
5 ἀκτάν, οὔθ' ὑμεναίων ἔγκληρον, οὔτ' ἐπινύμφειός
6 πώ μέ τις ὕμνος ὕμνησεν, ἀλλ' Ἀχέροντι νυμ-
φεύσω.

σύστ. ά. ΧΟ. οὐκοῦν κλεινὴ καὶ ἔπαινον ἔχουσ'   817
ἐς τόδ' ἀπέρχει κεῦθος νεκύων,
οὔτε φθινάσιν πληγεῖσα νόσοις
οὔτε ξιφέων ἐπίχειρα λαχοῦσ',   820
ἀλλ' αὐτόνομος, ζῶσα μόνη δὴ
θνητῶν Ἀίδην καταβήσει.

ἀντ. ά. ΑΝ. ἤκουσα δὴ λυγροτάταν ὀλέσθαι τὰν Φρυγίαν
ξέναν
2 Ταντάλου Σιπύλῳ πρὸς ἄκρῳ, τὰν κισσὸς ὡς
ἀτενὴς   825
3 πετραία βλάστα δάμασεν· καί νιν ὄμβροι τακο-
μέναν,
4 ὡς φάτις ἀνδρῶν,
5 χιών τ' οὐδαμὰ λείπει, τέγγει δ' ὑπ' ὀφρύσι
παγκλαύτοις   830
6 δειράδας· ᾇ με δαίμων ὁμοιοτάταν κατευνάζει.

σύστ. β'. ΧΟ. ἀλλὰ θεός τοι καὶ θεογεννής,
ἡμεῖς δὲ βροτοὶ καὶ θνητογενεῖς.   835
καίτοι φθιμένῃ μέγα κἀκοῦσαι

814 ἐπινύμφειος Dindorf: ἐπινυμφίδιος MSS.   828 ὄμβροι Musgrave:
ὄμβρῳ MSS.   831 τέγγει θ' r, τάκει τ' L: δ' for τ' Bothe.—παγκλαύτοις
r, -ους L.   836 μέγ' ἀκοῦσαι MSS.: corr. M. Seyffert.

ΑΝΤΙΓΟΝΗ

τοῖς ἰσοθέοις σύγκληρα λαχεῖν
ζῶσαν καὶ ἔπειτα θανοῦσαν.

στρ. β'. ΑΝ. οἴμοι γελῶμαι. τί με, πρὸς θεῶν πατρῴων,
2 οὐκ οἰχομέναν ὑβρίζεις, ἀλλ' ἐπίφαντον;   840
3 ὦ πόλις, ὦ πόλεως πολυκτήμονες ἄνδρες·
4 ἰὼ Διρκαῖαι κρῆναι
5 Θήβας τ' εὐαρμάτου ἄλσος, ἔμπας ξυμμάρτυρας
   ὔμμ' ἐπικτῶμαι,   845
6 οἵα φίλων ἄκλαυτος, οἵοις νόμοις
7 πρὸς ἔργμα τυμβόχωστον ἔρχομαι τάφου πο-
   ταινίου·
8 ἰὼ δύστανος, βροτοῖς οὔτε νεκροῖς κυροῦσα   850
9 μέτοικος, οὐ ζῶσιν, οὐ θανοῦσιν.

στρ. γ'. ΧΟ. προβᾶσ' ἐπ' ἔσχατον θράσους
2 ὑψηλὸν ἐς Δίκας βάθρον
3 προσέπεσες, ὦ τέκνον, πολύ.   855
4 πατρῷον δ' ἐκτίνεις τιν' ἆθλον.

ἀντ. β'. ΑΝ. ἔψαυσας ἀλγεινοτάτας ἐμοὶ μερίμνας,
2 πατρὸς τριπόλιστον οἶκτον τοῦ τε πρόπαντος
3 ἀμετέρου πότμου κλεινοῖς Λαβδακίδαισιν.   861
4 ἰὼ ματρῷαι λέκτρων
5 ἆται κοιμήματά τ' αὐτογέννητ' ἐμῷ πατρὶ δυσ-
   μόρου ματρός,   865
6 οἵων ἐγώ ποθ' ἁ ταλαίφρων ἔφυν·

837 σύγκληρα Schaefer: ἔγκληρα MSS.   838 ζῶσαν...θανοῦσαν.
This v. is in L and in most of the later MSS., but is omitted by A, and by
the Aldine ed.   840 οἰχομέναν J. F. Martin, Wunder: ὀλομέναν L,
ὀλλυμέναν r.   848 ἔργμα L (with two dots over γ, indicating ἔρμα),
vulg.: ἔργμα V: ἔρυμα H.   851 βροτοῖς οὔτε νεκροῖς κυροῦσα M.
Seyffert (so Boeckh, but with οὔτ' ἐν): οὔτ' ἐν βροτοῖσιν οὔτ' ἐν νεκροῖσιν L,
vulg. (Triclinius changed βροτοῖσιν to βροτοῖς.)   855 πολύ r: πολύν
L.   864 αὐτογέννητ' r, αὐτογενῆ τ' L: corr. Turnebus.   865 δυσ-
μόρου r: -ωι L.

ΣΟΦΟΚΛΕΟΥΣ

7 πρὸς οὓς ἀραῖος, ἄγαμος, ἅδ᾽ ἐγὼ μέτοικος ἔρχομαι.
8 ἰὼ δυσπότμων κασίγνητε γάμων κυρήσας,
9 θανὼν ἔτ᾽ οὖσαν κατήναρές με.   871

ἀντ. γ΄. ΧΟ. σέβειν μὲν εὐσέβειά τις,
2 κράτος δ᾽, ὅτῳ κράτος μέλει,
3 παραβατὸν οὐδαμᾷ πέλει·
4 σὲ δ᾽ αὐτόγνωτος ὤλεσ᾽ ὀργά.   875

ἐπ. ΑΝ. ἄκλαυτος, ἄφιλος, ἀνυμέναιος ταλαίφρων ἄγομαι
τάνδ᾽ ἑτοίμαν ὁδόν.
οὐκέτι μοι τόδε λαμπάδος ἱερὸν
ὄμμα θέμις ὁρᾶν ταλαίνᾳ·   880
τὸν δ᾽ ἐμὸν πότμον ἀδάκρυτον
οὐδεὶς φίλων στενάζει.

ΚΡ. ἆρ᾽ ἴστ᾽, ἀοιδὰς καὶ γόους πρὸ τοῦ θανεῖν
ὡς οὐδ᾽ ἂν εἷς παύσαιτ᾽ ἄν, εἰ χρείη λέγειν;
οὐκ ἄξεθ᾽ ὡς τάχιστα; καὶ κατηρεφεῖ   885
τύμβῳ περιπτύξαντες, ὡς εἴρηκ᾽ ἐγώ,
ἄφετε μόνην ἔρημον, εἴτε χρῆ θανεῖν
εἴτ᾽ ἐν τοιαύτῃ ζῶσα τυμβεύειν στέγῃ·
ἡμεῖς γὰρ ἁγνοὶ τοὐπὶ τήνδε τὴν κόρην·
μετοικίας δ᾽ οὖν τῆς ἄνω στερήσεται.   890
ΑΝ. ὦ τύμβος, ὦ νυμφεῖον, ὦ κατασκαφὴς
οἴκησις ἀείφρουρος, οἷ πορεύομαι
πρὸς τοὺς ἐμαυτῆς, ὧν ἀριθμὸν ἐν νεκροῖς
πλεῖστον δέδεκται Φερσέφασσ᾽ ὀλωλότων·
ὧν λοισθία 'γὼ καὶ κάκιστα δὴ μακρῷ   895
κάτειμι, πρίν μοι μοῖραν ἐξήκειν βίου.

869 ἰὼ] ἰὼ ἰὼ L.   887 ἄφετε Vat.: ἀφεῖτε L, vulg.: μόνην
ἀφῆτ᾽ A.—χρὴ MSS.: corr. Dindorf.   888 τυμβεύειν L: τυμβεύει A:
τυμβεύσει Triclinius.   894 φερσέφασσ᾽ L (the first σ from ρ): Περσέ-
φασσ᾽ r.

ἐλθοῦσα μέντοι κάρτ' ἐν ἐλπίσιν τρέφω
φίλη μὲν ἥξειν πατρί, προσφιλὴς δὲ σοί,
μῆτερ, φίλη δὲ σοί, κασίγνητον κάρα·
ἐπεὶ θανόντας αὐτόχειρ ὑμᾶς ἐγὼ   900
ἔλουσα κἀκόσμησα κἀπιτυμβίους
χοὰς ἔδωκα· νῦν δέ, Πολύνεικες, τὸ σὸν
δέμας περιστέλλουσα τοιάδ' ἄρνυμαι.
[καίτοι σ' ἐγὼ 'τίμησα, τοῖς φρονοῦσιν, εὖ.
οὐ γάρ ποτ' οὔτ' ἂν εἰ τέκνων μήτηρ ἔφυν,   905
οὔτ' εἰ πόσις μοι κατθανὼν ἐτήκετο,
βίᾳ πολιτῶν τόνδ' ἂν ᾑρόμην πόνον.
τίνος νόμου δὴ ταῦτα πρὸς χάριν λέγω;
πόσις μὲν ἄν μοι κατθανόντος ἄλλος ἦν,
καὶ παῖς ἀπ' ἄλλου φωτός, εἰ τοῦδ' ἤμπλακον· 910
μητρὸς δ' ἐν Ἅιδου καὶ πατρὸς κεκευθότοιν
οὐκ ἔστ' ἀδελφὸς ὅστις ἂν βλάστοι ποτέ.
τοιῷδε μέντοι σ' ἐκπροτιμήσασ' ἐγὼ
νόμῳ, Κρέοντι ταῦτ' ἔδοξ' ἁμαρτάνειν
καὶ δεινὰ τολμᾶν, ὦ κασίγνητον κάρα.   915
καὶ νῦν ἄγει με διὰ χερῶν οὕτω λαβὼν
ἄλεκτρον, ἀνυμέναιον, οὔτε του γάμου
μέρος λαχοῦσαν οὔτε παιδείου τροφῆς,
ἀλλ' ὧδ' ἔρημος πρὸς φίλων ἡ δύσμορος
ζῶσ' εἰς θανόντων ἔρχομαι κατασκαφάς·]   920
ποίαν παρεξελθοῦσα δαιμόνων δίκην;
τί χρή με τὴν δύστηνον ἐς θεοὺς ἔτι
βλέπειν; τίν' αὐδᾶν ξυμμάχων; ἐπεί γε δὴ
τὴν δυσσέβειαν εὐσεβοῦσ' ἐκτησάμην.
ἀλλ' εἰ μὲν οὖν τάδ' ἐστὶν ἐν θεοῖς καλά,   925
παθόντες ἂν ξυγγνοῖμεν ἡμαρτηκότες·
εἰ δ' οἵδ' ἁμαρτάνουσι, μὴ πλείω κακὰ
πάθοιεν ἢ καὶ δρῶσιν ἐκδίκως ἐμέ.

ΧΟ. ἔτι τῶν αὐτῶν ἀνέμων αὐταὶ
    ψυχῆς ῥιπαὶ τήνδε γ᾽ ἔχουσιν.　　　　　　930

ΚΡ. τοιγὰρ τούτων τοῖσιν ἄγουσιν
    κλαύμαθ᾽ ὑπάρξει βραδυτῆτος ὕπερ.

ΑΝ. οἴμοι, θανάτου τοῦτ᾽ ἐγγυτάτω
    τοὔπος ἀφῖκται.

ΚΡ. θαρσεῖν οὐδὲν παραμυθοῦμαι　　　　　　935
    μὴ οὐ τάδε ταύτῃ κατακυροῦσθαι.

ΑΝ. ὦ γῆς Θήβης ἄστυ πατρῷον
    καὶ θεοὶ προγενεῖς,
    ἄγομαι δὴ κοὐκέτι μέλλω.
    λεύσσετε, Θήβης οἱ κοιρανίδαι,　　　　　　940
    τὴν βασιλειδᾶν μούνην λοιπήν,
    οἷα πρὸς οἵων ἀνδρῶν πάσχω,
    τὴν εὐσεβίαν σεβίσασα.

στρ. α΄. ΧΟ. ἔτλα καὶ Δανάας οὐράνιον φῶς
  2 ἀλλάξαι δέμας ἐν χαλκοδέτοις αὐλαῖς·　　　945
  3 κρυπτομένα δ᾽ ἐν τυμβήρει θαλάμῳ κατεζεύχθη·
  4 καίτοι καὶ γενεᾷ τίμιος, ὦ παῖ παῖ,
  5 καὶ Ζηνὸς ταμιεύεσκε γονὰς χρυσορύτους.　　950
  6 ἀλλ᾽ ἁ μοιριδία τις δύνασις δεινά·
  7 οὔτ᾽ ἄν νιν ὄλβος οὔτ᾽ Ἄρης, οὐ πύργος, οὐχ
    ἁλίκτυποι
  8 κελαιναὶ νᾶες ἐκφύγοιεν.

ἀντ. α΄. ζεύχθη δ᾽ ὀξύχολος παῖς ὁ Δρύαντος,　　　955
  2 Ἠδωνῶν βασιλεύς, κερτομίοις ὀργαῖς,
  3 ἐκ Διονύσου πετρώδει κατάφαρκτος ἐν δεσμῷ.
  4 οὕτω τᾶς μανίας δεινὸν ἀποστάζει

931 τοιγὰρ] τοι γάρ τοι L.　　　941 τὴν βασιλίδα L, vulg. (τὴν
βασίλειαν Triclinius): corr. K. Winckelmann, M. Seyffert.　　　949 καὶ
add. Hermann.　　　952 ὄλβος Erfurdt: ὄμβρος MSS.　　　955 ὀξυχόλως
MSS.: corr. Scaliger.

5 ἀνθηρόν τε μένος. κεῖνος ἐπέγνω μανίαις   960
6 ψαύων τὸν θεὸν ἐν κερτομίοις γλώσσαις.
7 παύεσκε μὲν γὰρ ἐνθέους γυναῖκας εὔιόν τε πῦρ,
8 φιλαύλους τ' ἠρέθιζε Μούσας.   965

στρ. β'.   παρὰ δὲ Κυανεᾶν πελάγει διδύμας ἁλὸς
2 ἀκταὶ Βοσπόριαι ἠδ' ὁ Θρηκῶν —◡—
3 Σαλμυδησσός, ἵν' ἀγχίπολις Ἄρης   970
4 δισσοῖσι Φινεΐδαις
5 εἶδεν ἀρατὸν ἕλκος
6 τυφλωθὲν ἐξ ἀγρίας δάμαρτος,
7 ἀλαὸν ἀλαστόροισιν ὀμμάτων κύκλοις,
8 ἀραχθέντων ὑφ' αἱματηραῖς   975
9 χείρεσσι καὶ κερκίδων ἀκμαῖσιν.

ἀντ. β'.   κατὰ δὲ τακόμενοι μέλεοι μελέαν πάθαν   977
2 κλαῖον, ματρὸς ἔχοντες ἀνύμφευτον γονάν·   980
3 ἁ δὲ σπέρμα μὲν ἀρχαιογόνων
4 ἄντασ' Ἐρεχθεϊδᾶν,
5 τηλεπόροις δ' ἐν ἄντροις
6 τράφη θυέλλαισιν ἐν πατρῴαις
7 Βορεὰς ἄμιππος ὀρθόποδος ὑπὲρ πάγου,   985
8 θεῶν παῖς· ἀλλὰ κἀπ' ἐκείνᾳ
9 Μοῖραι μακραίωνες ἔσχον, ὦ παῖ.

ΤΕΙΡΕΣΙΑΣ.

Θήβης ἄνακτες, ἥκομεν κοινὴν ὁδὸν
δύ' ἐξ ἑνὸς βλέποντε· τοῖς τυφλοῖσι γὰρ
αὕτη κέλευθος ἐκ προηγητοῦ πέλει.   990

---

965 φιλαύλους τ' r: τ' om. L.   966 f. παρα δε κυανέων πελάγεων
(sic) πετρῶν | διδύμας ἁλὸς L. πετρῶν del. Brunck: Κυανεᾶν Wieseler:
πελάγει J.   968 ff. ἀκταὶ βοσπόριαι | ἠδ' (ἠδ' r) ὁ θρηκῶν σαλμυδησσός |
L.—ἠδ' ὁ] ἰδ' ὁ, καὶ ὁ, or θ' ὅ τε conj. J.—After Θρηκῶν Boeckh supplies
ἄξενος. (κλήζεται conj. J.)   975 ἀραχθέντων Seidler, Lachmann:
ἀραχθὲν ἐγχέων L., vulg. (ἀραχθὲν ἀχέων r.)   980 ματρὸς r: πατρὸς L.

ΚΡ. τί δ᾽ ἔστιν, ὦ γεραιὲ Τειρεσία, νέον;
ΤΕ. ἐγὼ διδάξω, καὶ σὺ τῷ μάντει πιθοῦ.
ΚΡ. οὔκουν πάρος γε σῆς ἀπεστάτουν φρενός.
ΤΕ. τοιγὰρ δι᾽ ὀρθῆς τήνδ᾽ ἐναυκλήρεις πόλιν.
ΚΡ. ἔχω πεπονθὼς μαρτυρεῖν ὀνήσιμα.   995
ΤΕ. φρόνει βεβὼς αὖ νῦν ἐπὶ ξυροῦ τύχης.
ΚΡ. τί δ᾽ ἔστιν; ὡς ἐγὼ τὸ σὸν φρίσσω στόμα.
ΤΕ. γνώσει, τέχνης σημεῖα τῆς ἐμῆς κλύων.
     εἰς γὰρ παλαιὸν θᾶκον ὀρνιθοσκόπον
     ἵζων, ἵν᾽ ἦν μοι παντὸς οἰωνοῦ λιμήν,   1000
     ἀγνῶτ᾽ ἀκούω φθόγγον ὀρνίθων, κακῷ
     κλάζοντας οἴστρῳ καὶ βεβαρβαρωμένῳ·
     καὶ σπῶντας ἐν χηλαῖσιν ἀλλήλους φοναῖς
     ἔγνων· πτερῶν γὰρ ῥοῖβδος οὐκ ἄσημος ἦν.
     εὐθὺς δὲ δείσας ἐμπύρων ἐγευόμην   1005
     βωμοῖσι παμφλέκτοισιν· ἐκ δὲ θυμάτων
     Ἥφαιστος οὐκ ἔλαμπεν, ἀλλ᾽ ἐπὶ σποδῷ
     μυδῶσα κηκὶς μηρίων ἐτήκετο
     κἄτυφε κἀνέπτυε, καὶ μετάρσιοι
     χολαὶ διεσπείροντο, καὶ καταρρυεῖς   1010
     μηροὶ καλυπτῆς ἐξέκειντο πιμελῆς.
     τοιαῦτα παιδὸς τοῦδ᾽ ἐμάνθανον πάρα
     φθίνοντ᾽ ἀσήμων ὀργίων μαντεύματα·
     ἐμοὶ γὰρ οὗτος ἡγεμών, ἄλλοις δ᾽ ἐγώ.
     καὶ ταῦτα τῆς σῆς ἐκ φρενὸς νοσεῖ πόλις.   1015
     βωμοὶ γὰρ ἡμῖν ἐσχάραι τε παντελεῖς
     πλήρεις ὑπ᾽ οἰωνῶν τε καὶ κυνῶν βορᾶς
     τοῦ δυσμόρου πεπτῶτος Οἰδίπου γόνου.
     κᾆτ᾽ οὐ δέχονται θυστάδας λιτὰς ἔτι
     θεοὶ παρ᾽ ἡμῶν οὐδὲ μηρίων φλόγα,   1020
     οὐδ᾽ ὄρνις εὐσήμους ἀπορροιβδεῖ βοάς,
     ἀνδροφθόρου βεβρῶτες αἵματος λίπος.

994 τήνδε ναυκληρεῖς L, vulg.: corr. Valckenaer.

ταῦτ᾽ οὖν, τέκνον, φρόνησον. ἀνθρώποισι γὰρ
τοῖς πᾶσι κοινόν ἐστι τοὐξαμαρτάνειν·
ἐπεὶ δ᾽ ἁμάρτῃ, κεῖνος οὐκέτ᾽ ἔστ᾽ ἀνὴρ   1025
ἄβουλος οὐδ᾽ ἄνολβος, ὅστις ἐς κακὸν
πεσὼν ἀκεῖται μηδ᾽ ἀκίνητος πέλει.
αὐθαδία τοι σκαιότητ᾽ ὀφλισκάνει.
ἀλλ᾽ εἶκε τῷ θανόντι, μηδ᾽ ὀλωλότα
κέντει. τίς ἀλκὴ τὸν θανόντ᾽ ἐπικτανεῖν;   1030
εὖ σοι φρονήσας εὖ λέγω· τὸ μανθάνειν δ᾽
ἥδιστον εὖ λέγοντος, εἰ κέρδος λέγοι.

ΚΡ. ὦ πρέσβυ, πάντες ὥστε τοξόται σκοποῦ
τοξεύετ᾽ ἀνδρὸς τοῦδε, κοὐδὲ μαντικῆς
ἄπρακτος ὑμῖν εἰμι, τῶν δ᾽ ὑπαὶ γένους   1035
ἐξημπόλημαι κἀμπεφόρτισμαι πάλαι.
κερδαίνετ᾽, ἐμπολᾶτε τἀπὸ Σάρδεων
ἤλεκτρον, εἰ βούλεσθε, καὶ τὸν Ἰνδικὸν
χρυσόν· τάφῳ δ᾽ ἐκεῖνον οὐχὶ κρύψετε,
οὐδ᾽ εἰ θέλουσ᾽ οἱ Ζηνὸς αἰετοὶ βορὰν   1040
φέρειν νιν ἁρπάζοντες ἐς Διὸς θρόνους,
οὐδ᾽ ὡς μίασμα τοῦτο μὴ τρέσας ἐγὼ
θάπτειν παρήσω κεῖνον· εὖ γὰρ οἶδ᾽ ὅτι
θεοὺς μιαίνειν οὔτις ἀνθρώπων σθένει.
πίπτουσι δ᾽, ὦ γεραιὲ Τειρεσία, βροτῶν   1045
χοὶ πολλὰ δεινοὶ πτώματ᾽ αἴσχρ᾽, ὅταν λόγους
αἰσχροὺς καλῶς λέγωσι τοῦ κέρδους χάριν.

ΤΕ. φεῦ·
ἆρ᾽ οἶδεν ἀνθρώπων τις, ἆρα φράζεται

ΚΡ. τί χρῆμα; ποῖον τοῦτο πάγκοινον λέγεις;

ΤΕ. ὅσῳ κράτιστον κτημάτων εὐβουλία;   1050

ΚΡ. ὅσῳπερ, οἶμαι, μὴ φρονεῖν πλείστη βλάβη.

1036 κἀμπεφόρτισμαι L: κἀκ- A.   1037 τὰ προ (sic) σάρδεων L
(with ὸν above τὰ from the first hand): τὸν πρὸς σάρδεων A: corr. Blaydes,
Nauck.

ΤΕ. ταύτης σὺ μέντοι τῆς νόσου πλήρης ἔφυς.
ΚΡ. οὐ βούλομαι τὸν μάντιν ἀντειπεῖν κακῶς.
ΤΕ. καὶ μὴν λέγεις, ψευδῆ με θεσπίζειν λέγων.
ΚΡ. τὸ μαντικὸν γὰρ πᾶν φιλάργυρον γένος.   1055
ΤΕ. τὸ δ' ἐκ τυράννων αἰσχροκέρδειαν φιλεῖ.
ΚΡ. ἆρ' οἶσθα ταγοὺς ὄντας ἃν λέγῃς λέγων;
ΤΕ. οἶδ'· ἐξ ἐμοῦ γὰρ τήνδ' ἔχεις σώσας πόλιν.
ΚΡ. σοφὸς σὺ μάντις, ἀλλὰ τἀδικεῖν φιλῶν.
ΤΕ. ὄρσεις με τἀκίνητα διὰ φρενῶν φράσαι.   1060
ΚΡ. κίνει, μόνον δὲ μὴ 'πὶ κέρδεσιν λέγων.
ΤΕ. οὕτω γὰρ ἤδη καὶ δοκῶ τὸ σὸν μέρος.
ΚΡ. ὡς μὴ 'μπολήσων ἴσθι τὴν ἐμὴν φρένα.
ΤΕ. ἀλλ' εὖ γέ τοι κάτισθι μὴ πολλοὺς ἔτι
     τρόχους ἁμιλλητῆρας ἡλίου τελῶν,   1065
     ἐν οἷσι τῶν σῶν αὐτὸς ἐκ σπλάγχνων ἕνα
     νέκυν νεκρῶν ἀμοιβὸν ἀντιδοὺς ἔσει,
     ἀνθ' ὧν ἔχεις μὲν τῶν ἄνω βαλὼν κάτω,
     ψυχήν τ' ἀτίμως ἐν τάφῳ κατῴκισας,
     ἔχεις δὲ τῶν κάτωθεν ἐνθάδ' αὖ θεῶν   1070
     ἄμοιρον, ἀκτέριστον, ἀνόσιον νέκυν.
     ὧν οὔτε σοὶ μέτεστιν οὔτε τοῖς ἄνω
     θεοῖσιν, ἀλλ' ἐκ σοῦ βιάζονται τάδε.
     τούτων σε λωβητῆρες ὑστεροφθόροι
     λοχῶσιν Ἅιδου καὶ θεῶν Ἐρινύες,   1075
     ἐν τοῖσιν αὐτοῖς τοῖσδε ληφθῆναι κακοῖς.
     καὶ ταῦτ' ἄθρησον εἰ κατηργυρωμένος
     λέγω· φανεῖ γὰρ οὐ μακροῦ χρόνου τριβὴ
     ἀνδρῶν γυναικῶν σοῖς δόμοις κωκύματα.
     ἐχθραὶ δὲ πᾶσαι συνταράσσονται πόλεις,   1080
     ὅσων σπαράγματ' ἢ κύνες καθήγνισαν
     ἢ θῆρες, ἤ τις πτηνὸς οἰωνός, φέρων

1065 τρόχους Erfurdt: τροχοὺς MSS.   1069 κατῴκισας L, vulg.:
κατοικίσας r.   1081 καθήγνισαν MSS.: καθήγισαν Burton.

ἀνόσιον ὀσμὴν ἑστιοῦχον ἐς πόλιν.
τοιαῦτά σου, λυπεῖς γάρ, ὥστε τοξότης
ἀφῆκα θυμῷ καρδίας τοξεύματα   1085
βέβαια, τῶν σὺ θάλπος οὐχ ὑπεκδραμεῖ.
ὦ παῖ, σὺ δ᾽ ἡμᾶς ἄπαγε πρὸς δόμους, ἵνα
τὸν θυμὸν οὗτος ἐς νεωτέρους ἀφῇ,
καὶ γνῷ τρέφειν τὴν γλῶσσαν ἡσυχωτέραν
τὸν νοῦν τ᾽ ἀμείνω τῶν φρενῶν ἢ νῦν φέρει.   1090

ΧΟ. ἀνήρ, ἄναξ, βέβηκε δεινὰ θεσπίσας·
ἐπιστάμεσθα δ᾽, ἐξ ὅτου λευκὴν ἐγὼ
τήνδ᾽ ἐκ μελαίνης ἀμφιβάλλομαι τρίχα,
μή πώ ποτ᾽ αὐτὸν ψεῦδος ἐς πόλιν λακεῖν.

ΚΡ. ἔγνωκα καὐτὸς καὶ ταράσσομαι φρένας·   1095
τό τ᾽ εἰκαθεῖν γὰρ δεινόν, ἀντιστάντα δὲ
ἄτῃ πατάξαι θυμὸν ἐν δεινῷ πάρα.

ΧΟ. εὐβουλίας δεῖ, παῖ Μενοικέως, λαβεῖν.

ΚΡ. τί δῆτα χρὴ δρᾶν; φράζε· πείσομαι δ᾽ ἐγώ.

ΧΟ. ἐλθὼν κόρην μὲν ἐκ κατώρυχος στέγης   1100
ἄνες, κτίσον δὲ τῷ προκειμένῳ τάφον.

ΚΡ. καὶ ταῦτ᾽ ἐπαινεῖς, καὶ δοκεῖ παρεικαθεῖν;

ΧΟ. ὅσον γ᾽, ἄναξ, τάχιστα· συντέμνουσι γὰρ
θεῶν ποδώκεις τοὺς κακόφρονας βλάβαι.

ΚΡ. οἴμοι· μόλις μέν, καρδίας δ᾽ ἐξίσταμαι   1105
τὸ δρᾶν· ἀνάγκῃ δ᾽ οὐχὶ δυσμαχητέον.

ΧΟ. δρᾶ νυν τάδ᾽ ἐλθὼν μηδ᾽ ἐπ᾽ ἄλλοισιν τρέπε.

ΚΡ. ὧδ᾽ ὡς ἔχω στείχοιμ᾽ ἄν· ἴτ᾽ ἴτ᾽ ὀπάονες,
οἵ τ᾽ ὄντες οἵ τ᾽ ἀπόντες, ἀξίνας χεροῖν
ὁρμᾶσθ᾽ ἑλόντες εἰς ἐπόψιον τόπον.   1110
ἐγὼ δ᾽, ἐπειδὴ δόξα τῇδ᾽ ἐπεστράφη,
αὐτός τ᾽ ἔδησα καὶ παρὼν ἐκλύσομαι.

1098 λαβεῖν L: λαχεῖν E: κρέον A, vulg.   1102 δοκεῖς MSS.:
corr. J.   1105 καρδίας r: καρδίᾳ L.   1108 ἴτ᾽ ἴτ᾽ Triclinius: ἴτ᾽
vulg. (ἴτ᾽ L): οἴτ᾽ A.

ΣΟΦΟΚΛΕΟΥΣ

δέδοικα γὰρ μὴ τοὺς καθεστῶτας νόμους
ἄριστον ᾖ σῴζοντα τὸν βίον τελεῖν.

στρ. ά. ΧΟ. πολυώνυμε, Καδμείας νύμφας ἄγαλμα   1115
  2 καὶ Διὸς βαρυβρεμέτα
  3 γένος, κλυτὰν ὃς ἀμφέπεις
  4 Ἰταλίαν, μέδεις δὲ
  5 παγκοίνοις Ἐλευσινίας   1120
  6 Δηοῦς ἐν κόλποις, Βακχεῦ, Βακχᾶν
  7 ὁ ματρόπολιν Θήβαν
  8 ναιετῶν παρ' ὑγρὸν
  9 Ἰσμηνοῦ ῥεῖθρόν τ' ἀγρίου τ' ἐπὶ σπορᾷ δρά-
    κοντος·   1124

ἀντ. ά. σὲ δ' ὑπὲρ διλόφου πέτρας στέροψ ὄπωπε
  2 λιγνύς, ἔνθα Κωρύκιαι
  3 στείχουσι Νύμφαι Βακχίδες,
  4 Κασταλίας τε νᾶμα.   1130
  5 καί σε Νυσαίων ὀρέων
  6 κισσήρεις ὄχθαι χλωρά τ' ἀκτὰ
  7 πολυστάφυλος πέμπει,
  8 ἀμβρότων ἐπέων
  9 εὐαζόντων, Θηβαΐας ἐπισκοποῦντ' ἀγυιάς·   1135

στρ. β'. τὰν ἐκ πασᾶν τιμᾷς ὑπερτάταν πόλεων
  2 ματρὶ σὺν κεραυνίᾳ·
  3 καὶ νῦν, ὡς βιαίας ἔχεται   1140
  4 πάνδαμος πόλις ἐπὶ νόσου,
  5 μολεῖν καθαρσίῳ ποδὶ Παρνασίαν ὑπὲρ κλιτὺν
  6 ἢ στονόεντα πορθμόν.   1145

ἀντ. β'. ἰὼ πῦρ πνειόντων χοράγ' ἄστρων, νυχίων

1119 Ἰταλίαν MSS. (ἰτάλειαν L): Ἰκαρίαν conj. R. Unger.   1123 f.
ναιετῶν Dindorf: ναίων MSS.—ῥεῖθρόν τ' J.: ῥέεθρον L, vulg. (παρ' ὑγρῶν...
ῥεέθρων Triclinius.)   1128 Νύμφαι στείχουσι MSS.: corr. Blaydes.
1146 πνεόντων MSS.: corr. Brunck.

ΑΝΤΙΓΟΝΗ

2 φθεγμάτων ἐπίσκοπε,
3 παῖ Διὸς γένεθλον, προφάνηθ',
4 ὦναξ, σαῖς ἅμα περιπόλοις   1150
5 Θυίαισιν, αἵ σε μαινόμεναι πάννυχοι χορεύουσι
6 τὸν ταμίαν Ἴακχον.

ΑΓΓΕΛΟΣ.

Κάδμου πάροικοι καὶ δόμων Ἀμφίονος,   1155
οὐκ ἔσθ' ὁποῖον στάντ' ἂν ἀνθρώπου βίον
οὔτ' αἰνέσαιμ' ἂν οὔτε μεμψαίμην ποτέ.
τύχη γὰρ ὀρθοῖ καὶ τύχη καταρρέπει
τὸν εὐτυχοῦντα τόν τε δυστυχοῦντ' ἀεί·
καὶ μάντις οὐδεὶς τῶν καθεστώτων βροτοῖς.   1160
Κρέων γὰρ ἦν ζηλωτός, ὡς ἐμοί, ποτέ,
σώσας μὲν ἐχθρῶν τήνδε Καδμείαν χθόνα,
λαβών τε χώρας παντελῆ μοναρχίαν
ηὔθυνε, θάλλων εὐγενεῖ τέκνων σπορᾷ·
καὶ νῦν ἀφεῖται πάντα. τὰς γὰρ ἡδονὰς   1165
ὅταν προδῶσιν ἄνδρες, οὐ τίθημ' ἐγὼ
ζῆν τοῦτον, ἀλλ' ἔμψυχον ἡγοῦμαι νεκρόν.
πλούτει τε γὰρ κατ' οἶκον, εἰ βούλει, μέγα,
καὶ ζῆ τύραννον σχῆμ' ἔχων· ἐὰν δ' ἀπῇ
τούτων τὸ χαίρειν, τἄλλ' ἐγὼ καπνοῦ σκιᾶς   1170
οὐκ ἂν πριαίμην ἀνδρὶ πρὸς τὴν ἡδονήν.
ΧΟ. τί δ' αὖ τόδ' ἄχθος βασιλέων ἥκεις φέρων;
ΑΓ. τεθνᾶσιν· οἱ δὲ ζῶντες αἴτιοι θανεῖν.
ΧΟ. καὶ τίς φονεύει; τίς δ' ὁ κείμενος; λέγε.
ΑΓ. Αἵμων ὄλωλεν· αὐτόχειρ δ' αἱμάσσεται.   1175
ΧΟ. πότερα πατρῴας ἢ πρὸς οἰκείας χερός;

1150 προφάνηθ', ὦναξ Bergk: προφάνηθι ναξίαις MSS.   1152 θυιάσιν MSS.: corr. Boeckh.   1166 ἄνδρες Athenaeus 7. 280 c: ἀνδρὸς MSS. 1167 This v., omitted by the MSS., is preserved by Athen. l. c., where he quotes 1165—1171.

ΣΟΦΟΚΛΕΟΥΣ

ΑΓ. αὐτὸς πρὸς αὑτοῦ, πατρὶ μηνίσας φόνου.
ΧΟ. ὦ μάντι, τοὔπος ὡς ἄρ' ὀρθὸν ἤνυσας.
ΑΓ. ὡς ὧδ' ἐχόντων τἄλλα βουλεύειν πάρα.
ΧΟ. καὶ μὴν ὁρῶ τάλαιναν Εὐρυδίκην ὁμοῦ   1180
δάμαρτα τὴν Κρέοντος· ἐκ δὲ δωμάτων
ἤτοι κλύουσα παιδὸς ἢ τύχῃ πάρα.

ΕΥΡΥΔΙΚΗ.

ὦ πάντες ἀστοί, τῶν λόγων ἐπῃσθόμην
πρὸς ἔξοδον στείχουσα, Παλλάδος θεᾶς
ὅπως ἱκοίμην εὐγμάτων προσήγορος.   1185
καὶ τυγχάνω τε κλῇθρ' ἀνασπαστοῦ πύλης
χαλῶσα, καί με φθόγγος οἰκείου κακοῦ
βάλλει δι' ὤτων· ὑπτία δὲ κλίνομαι
δείσασα πρὸς δμωαῖσι κἀποπλήσσομαι.
ἀλλ' ὅστις ἦν ὁ μῦθος αὖθις εἴπατε·   1190
κακῶν γὰρ οὐκ ἄπειρος οὖσ' ἀκούσομαι.
ΑΓ. ἐγώ, φίλη δέσποινα, καὶ παρὼν ἐρῶ,
κοὐδὲν παρήσω τῆς ἀληθείας ἔπος.
τί γάρ σε μαλθάσσοιμ' ἂν ὧν ἐς ὕστερον
ψεῦσται φανούμεθ'; ὀρθὸν ἀλήθει' ἀεί.   1195
ἐγὼ δὲ σῷ ποδαγὸς ἑσπόμην πόσει
πεδίον ἐπ' ἄκρον, ἔνθ' ἔκειτο νηλεὲς
κυνοσπάρακτον σῶμα Πολυνείκους ἔτι·
καὶ τὸν μέν, αἰτήσαντες ἐνοδίαν θεὸν
Πλούτωνά τ' ὀργὰς εὐμενεῖς κατασχεθεῖν,   1200
λούσαντες ἁγνὸν λουτρόν, ἐν νεοσπάσιν
θαλλοῖς ὃ δὴ 'λέλειπτο συγκατήθομεν,
καὶ τύμβον ὀρθόκρανον οἰκείας χθονὸς
χώσαντες, αὖθις πρὸς λιθόστρωτον κόρης
νυμφεῖον Ἅιδου κοῖλον εἰσεβαίνομεν.   1205
φωνῆς δ' ἄπωθεν ὀρθίων κωκυμάτων

1197 πεδίον ἐπ' ἄκρον r: πεδίον ἐπ' ἄκρων L.

κλύει τις ἀκτέριστον ἀμφὶ παστάδα,
καὶ δεσπότῃ Κρέοντι σημαίνει μολών·
τῷ δ᾽ ἀθλίας ἄσημα περιβαίνει βοῆς
ἕρποντι μᾶλλον ἆσσον, οἰμώξας δ᾽ ἔπος   1210
ἵησι δυσθρήνητον· ὦ τάλας ἐγώ,
ἆρ᾽ εἰμὶ μάντις; ἆρα δυστυχεστάτην
κέλευθον ἕρπω τῶν παρελθουσῶν ὁδῶν;
παιδός με σαίνει φθόγγος. ἀλλά, πρόσπολοι,
ἴτ᾽ ἆσσον ὠκεῖς, καὶ παραστάντες τάφῳ   1215
ἀθρήσαθ᾽, ἁρμὸν χώματος λιθοσπαδῆ
δύντες πρὸς αὐτὸ στόμιον, εἰ τὸν Αἵμονος
φθόγγον συνίημ᾽, ἢ θεοῖσι κλέπτομαι.
τάδ᾽ ἐξ ἀθύμου δεσπότου κελευσμάτων
ἠθροῦμεν· ἐν δὲ λοισθίῳ τυμβεύματι   1220
τὴν μὲν κρεμαστὴν αὐχένος κατείδομεν,
βρόχῳ μιτώδει σινδόνος καθημμένην,
τὸν δ᾽ ἀμφὶ μέσσῃ περιπετῆ προσκείμενον,
εὐνῆς ἀποιμώζοντα τῆς κάτω φθορὰν
καὶ πατρὸς ἔργα καὶ τὸ δύστηνον λέχος.   1225
ὁ δ᾽ ὡς ὁρᾷ σφε, στυγνὸν οἰμώξας ἔσω
χωρεῖ πρὸς αὐτὸν κἀνακωκύσας καλεῖ·
ὦ τλῆμον, οἷον ἔργον εἴργασαι· τίνα
νοῦν ἔσχες; ἐν τῷ συμφορᾶς διεφθάρης;
ἔξελθε, τέκνον, ἱκέσιός σε λίσσομαι.   1230
τὸν δ᾽ ἀγρίοις ὄσσοισι παπτήνας ὁ παῖς,
πτύσας προσώπῳ κοὐδὲν ἀντειπών, ξίφους
ἕλκει διπλοῦς κνώδοντας· ἐκ δ᾽ ὁρμωμένου
πατρὸς φυγαῖσιν ἤμπλακ᾽· εἶθ᾽ ὁ δύσμορος
αὑτῷ χολωθείς, ὥσπερ εἶχ᾽, ἐπενταθεὶς   1235
ἤρεισε πλευραῖς μέσσον ἔγχος· ἐς δ᾽ ὑγρὸν
ἀγκῶν᾽ ἔτ᾽ ἔμφρων παρθένῳ προσπτύσσεται·

1219 κελεύσμασιν MSS.: corr. Burton.
1232 ξίφους r: ὅλως L, but with ξίφους superscr. by the first hand.

καὶ φυσιῶν ὀξεῖαν ἐκβάλλει ῥοὴν
λευκῇ παρειᾷ φοινίου σταλάγματος.
κεῖται δὲ νεκρὸς περὶ νεκρῷ, τὰ νυμφικὰ   1240
τέλη λαχὼν δείλαιος ἔν γ' "Αιδου δόμοις,
δείξας ἐν ἀνθρώποισι τὴν ἀβουλίαν
ὅσῳ μέγιστον ἀνδρὶ πρόσκειται κακόν.
ΧΟ. τί τοῦτ' ἂν εἰκάσειας; ἡ γυνὴ πάλιν
φρούδη, πρὶν εἰπεῖν ἐσθλὸν ἢ κακὸν λόγον.   1245
ΑΓ. καὐτὸς τεθάμβηκ'· ἐλπίσιν δὲ βόσκομαι
ἄχη τέκνου κλύουσαν ἐς πόλιν γόους
οὐκ ἀξιώσειν, ἀλλ' ὑπὸ στέγης ἔσω
δμωαῖς προθήσειν πένθος οἰκεῖον στένειν.
γνώμης γὰρ οὐκ ἄπειρος, ὥσθ' ἁμαρτάνειν.   1250
ΧΟ. οὐκ οἶδ'· ἐμοὶ δ' οὖν ἥ τ' ἄγαν σιγὴ βαρὺ
δοκεῖ προσεῖναι χἠ μάτην πολλὴ βοή.
ΑΓ. ἀλλ' εἰσόμεσθα, μή τι καὶ κατάσχετον
κρυφῇ καλύπτει καρδίᾳ θυμουμένῃ,
δόμους παραστείχοντες· εὖ γὰρ οὖν λέγεις·   1255
καὶ τῆς ἄγαν γάρ ἐστί που σιγῆς βάρος.

ΧΟ. καὶ μὴν ὅδ' ἄναξ αὐτὸς ἐφήκει
μνῆμ' ἐπίσημον διὰ χειρὸς ἔχων,
εἰ θέμις εἰπεῖν, οὐκ ἀλλοτρίαν
ἄτην, ἀλλ' αὐτὸς ἁμαρτών.   1260

στρ. α'. ΚΡ. ἰὼ
2 φρενῶν δυσφρόνων ἁμαρτήματα
3 στερεὰ θανατόεντ'·
4 ὦ κτανόντας τε καὶ
5 θανόντας βλέποντες ἐμφυλίους·
6 ὤμοι ἐμῶν ἄνολβα βουλευμάτων.   1265
7 ἰὼ παῖ, νέος νέῳ ξὺν μόρῳ,

1238 ῥοὴν L: πνοὴν r, and schol. in L.   1241 ἐν αἴδου L (εἰν — r):
γ' add. Heath.   1254 θυμουμένηι L (a line drawn through ι): -η r.
1265 ὤμοι Turnebus: ἰώ μοι MSS.

8 αἰαῖ αἰαῖ,
9 ἔθανες, ἀπελύθης,
10 ἐμαῖς οὐδὲ σαῖσι δυσβουλίαις.

στρ. β'. ΧΟ. οἴμ' ὡς ἔοικας ὀψὲ τὴν δίκην ἰδεῖν.   1270

ΚΡ. οἴμοι,
2 ἔχω μαθὼν δείλαιος· ἐν δ' ἐμῷ κάρα
3 θεὸς τότ' ἄρα τότε μέγα βάρος μ' ἔχων
4 ἔπαισεν, ἐν δ' ἔσεισεν ἀγρίαις ὁδοῖς,
5 οἴμοι, λακπάτητον ἀντρέπων χαράν.   1275
6 φεῦ φεῦ, ὦ πόνοι βροτῶν δύσπονοι.

ΕΞΑΓΓΕΛΟΣ.

ὦ δέσποθ', ὡς ἔχων τε καὶ κεκτημένος,   1278
τὰ μὲν πρὸ χειρῶν τάδε φέρων, τὰ δ' ἐν δόμοις
ἔοικας ἥκειν καὶ τάχ' ὄψεσθαι κακά.   1280
ΚΡ. τί δ' ἔστιν αὖ κάκιον ἐκ κακῶν ἔτι;
ΕΞ. γυνὴ τέθνηκε, τοῦδε παμμήτωρ νεκροῦ,
δύστηνος, ἄρτι νεοτόμοισι πλήγμασιν.

ἀντ. ά. ΚΡ. ἰώ,
2 ἰὼ δυσκάθαρτος Ἅιδου λιμήν,   1284
3 τί μ' ἄρα τί μ' ὀλέκεις;   1285
4 ὦ κακάγγελτά μοι
5 προπέμψας ἄχη, τίνα θροεῖς λόγον;
6 αἰαῖ, ὀλωλότ' ἄνδρ' ἐπεξειργάσω.
7 τί φής, ὦ παῖ, τίνα λέγεις μοι νέον,
8 αἰαῖ αἰαῖ,   1290
9 σφάγιον ἐπ' ὀλέθρῳ
10 γυναικεῖον ἀμφικεῖσθαι μόρον;

1267 al ter L, vulg. (quater r): corr. Dindorf.   1281 τί δ' ἔστιν αὖ
κάκιον ἢ κακῶν ἔτι; mss.: corr. Canter.   1290 After νέον the mss.
add λόγον: del. Seidler.

ΧΟ. ὁρᾶν πάρεστιν· οὐ γὰρ ἐν μυχοῖς ἔτι.

ἀντ. β'. ΚΡ. οἴμοι,
2 κακὸν τόδ᾽ ἄλλο δεύτερον βλέπω τάλας.　　　1295
3 τίς ἄρα, τίς με πότμος ἔτι περιμένει;
4 ἔχω μὲν ἐν χείρεσσιν ἀρτίως τέκνον,
5 τάλας, τὸν δ᾽ ἔναντα προσβλέπω νεκρόν,
6 φεῦ φεῦ μᾶτερ ἀθλία, φεῦ τέκνου.　　　1300

ΕΞ. ἥδ᾽ ὀξυθήκτῳ βωμία περὶ ξίφει
λύει κελαινὰ βλέφαρα, κωκύσασα μὲν
τοῦ πρὶν θανόντος Μεγαρέως κλεινὸν λάχος,
αὖθις δὲ τοῦδε, λοίσθιον δὲ σοὶ κακὰς
πράξεις ἐφυμνήσασα τῷ παιδοκτόνῳ.　　　1305

στρ. γ'. ΚΡ. αἰαῖ αἰαῖ,
2 ἀνέπταν φόβῳ. τί μ᾽ οὐκ ἀνταίαν
3 ἔπαισέν τις ἀμφιθήκτῳ ξίφει;
4 δείλαιος ἐγώ, αἰαῖ,　　　1310
5 δειλαίᾳ δὲ συγκέκραμαι δύᾳ.

ΕΞ. ὡς αἰτίαν γε τῶνδε κἀκείνων ἔχων
πρὸς τῆς θανούσης τῆσδ᾽ ἐπεσκήπτου μόρων.
ΚΡ. ποίῳ δὲ κἀπελύσατ᾽ ἐν φοναῖς τρόπῳ;
ΕΞ. παίσασ᾽ ὑφ᾽ ἧπαρ αὐτόχειρ αὑτήν, ὅπως　　　1315
παιδὸς τόδ᾽ ᾔσθετ᾽ ὀξυκώκυτον πάθος.

στρ. δ'. ΚΡ. ὤμοι μοι, τάδ᾽ οὐκ ἐπ᾽ ἄλλον βροτῶν
2 ἐμᾶς ἁρμόσει ποτ᾽ ἐξ αἰτίας.
3 ἐγὼ γάρ σ᾽ ἐγὼ ἔκανον, ὦ μέλεος,
4 ἐγώ, φάμ᾽ ἔτυμον. ἰὼ πρόσπολοι,　　　1320
5 ἄγετέ μ᾽ ὅ τι τάχιστ᾽, ἄγετέ μ᾽ ἐκποδών,
6 τὸν οὐκ ὄντα μᾶλλον ἢ μηδένα.

1301　ἡ δ᾽ (ἥδ᾽ L) ὀξύθηκτος ἥδε (ἡ δὲ L) βωμία πέριξ MSS.: corr. Arndt.
1303 λάχος Bothe: λέχος MSS.　　　1310 αἰαῖ Erfurdt: φεῦ φεῦ MSS.
1321 τάχιστ᾽ Erfurdt: τάχος MSS.

ΧΟ. κέρδη παραινεῖς, εἴ τι κέρδος ἐν κακοῖς·
βράχιστα γὰρ κράτιστα τὰν ποσὶν κακά.

ἀντ. γ΄. ΚΡ. ἴτω ἴτω,
2 φανήτω μόρων ὁ κάλλιστ᾽ ἔχων   1329
3 ἐμοί, τερμίαν ἄγων ἀμέραν,
4 ὕπατος· ἴτω ἴτω,
5 ὅπως μηκέτ᾽ ἆμαρ ἄλλ᾽ εἰσίδω.   1333

ΧΟ. μέλλοντα ταῦτα· τῶν προκειμένων τι χρὴ
πράσσειν· μέλει γὰρ τῶνδ᾽ ὅτοισι χρὴ μέλειν.   1335
ΚΡ. ἀλλ᾽ ὧν ἐρῶ μέν, ταῦτα συγκατηυξάμην.
ΧΟ. μή νυν προσεύχου μηδέν· ὡς πεπρωμένης
οὐκ ἔστι θνητοῖς συμφορᾶς ἀπαλλαγή.

ἀντ. δ΄. ΚΡ. ἄγοιτ᾽ ἂν μάταιον ἄνδρ᾽ ἐκποδών,
2 ὅς, ὦ παῖ, σέ τ᾽. οὐχ ἑκὼν κατέκανον   1340
3 σέ τ᾽ αὖ τάνδ᾽, ὤμοι μέλεος· οὐδ᾽ ἔχω
4 πρὸς πότερον ἴδω, πᾷ κλιθῶ· πάντα γὰρ
5 λέχρια τὰν χεροῖν, τὰ δ᾽ ἐπὶ κρατί μοι   1345
6 πότμος δυσκόμιστος εἰσήλατο.

ΧΟ. πολλῷ τὸ φρονεῖν εὐδαιμονίας
πρῶτον ὑπάρχει· χρὴ δὲ τά γ᾽ εἰς θεοὺς
μηδὲν ἀσεπτεῖν· μεγάλοι δὲ λόγοι   1350
μεγάλας πληγὰς τῶν ὑπεραύχων
ἀποτείσαντες
γήρᾳ τὸ φρονεῖν ἐδίδαξαν.

1330 ἔχων Pallis: ἐμῶν MSS.   1336 ἐρῶ μέν] μέν om. L, add. r (ἐρῶμεν V).   1340 κατέκανον W. Schneider: κατέκτανον MSS.   1341 σέ τ᾽ αὐτὰν MSS.: corr. Seidler.   1342 f. πρὸς πότερον] ὅπα πρὸς πρότερον L (πότερον r): corr. Seidler.—κλιθῶ Musgrave: καὶ θῶ MSS.   1344 τὰν Brunck: τάδ᾽ ἐν L, vulg. (τά τ᾽ r.)

Commentary

Abbreviations:

GP J. D. Denniston, *Greek Particles* (Oxford 1954²)

J   R. C. Jebb, *Sophocles, the Plays and Fragments. vol. 3, The Antigone* (Cambridge 1900)

K   J. C. Kamerbeek, *The Plays of Sophocles, Commentaries, Part III, The Antigone* (Leiden 1978)

S   H. W. Smyth, *Greek Grammar*, revised by G. M. Messing (Cambridge, Mass. 1956)

sc. scilicet (= `supply')

<   "is from"

The text used is that of Jebb.

1-99. PROLOGUE. Antigone and Ismene before the gates of the royal palace, just before dawn.

1.   κοινὸν... κάρα: "shared (in parents) real-sister head of Ismene."

2.   ᾰρ(α) οῖσθ(α). A short final vowel followed by a vowel may be elided. ᾰρα is an untranslatable interrogative particle; distinguish from ᾰρα, postpositive, "therefore, then."

2f. ὅ τι... ὀποῖον: "(do you know) what (evil) of what sort?" i.e., "any sort of evil which."

3.   οὐχί = οὐ; intensive -ι always takes an accent.
νῷν: genitive or (as here) dative dual of first person pronoun, "us"; nominative = νώ.
ζώσαιν: present active dual participle < ζάω. The endings of nouns and adjectives in the dual:
N. A. V.   - ω   - α   - ε
G. D.   -οιν   -αιν   -οιν.

4.   οὔτ(ε) ᾰτης ᾰτερ: "(nothing) not without destruction"; since the accumulation of negatives gives the reverse of what Antigone means, K reads οὐδ(έ) instead of the second οὔτ(ε) , "(nothing) painful and (nothing) which is lacking destruction" but the sense is clear in any case.

5.   ἐσθ' = ἐστί; elision and assimilation.

5f.   οὐ...οὐκ: emphatic repetition.

6.   κἀμῶν = καὶ ἐμῶν, crasis.
ὄπωπ(α): perfect active indicative < ὁράω.
κακῶν: partitive (or possessive) genitive, "being among,
belonging to (my) sufferings" (S 1317).

7.   τί τοῦτ(ο): sc. ἐστί as often, "what (is) this (which)."
πόλει: The article is commonly omitted in poetry.

8.   τὸν στρατηγόν: Creon.

9.   ἔχεις τι: "do you know anything?"
κεἰσήκουσας = καὶ εἰσήκουσας.

10.   τῶν ἐχθρῶν κακά: either "evil for our enemies" i.e., the
Argives (objective genitive, S 1331) or "evils from our
enemies," i.e., Creon (subjective genitive, S 1330).

11.   μέν: emphasizing ἐμοί, "to me"; not with δέ in 15.
φίλων: objective genitive, "*about* our friends" (J).

12.   οὔθ' = οὔτε.
ἐξ ὅτου: "from whatever (time)," i.e., "since."

14.   διπλῇ χερί: < χείρ; "with double hand." Polyneices and
Eteocles killed each other.

16.   ὑπέρτερον = πλέον (J, K).

17.   ἀτωμένη: (< ἀτάω), participle in indirect statement with
οἶδα, "that I am doomed."

18.   ἤδη = οἶδα.
αὐλείων πυλῶν: "outer door (or gate) of the court-yard"
(J).

19.   οὔνεκ(α) = ἕνεκα, "on account of."
ἐξέπεμπον: "fetched out" (K).
ὡς = ἵνα.

20.   δηλοῖς: personal construction with participle, "you are clear
doing *x*," i.e., "it is clear that you are doing *x*."

καλχαίνουσ(α) < καλχαίνω, "make purple," here "ponder deeply."

21f. οὐ γάρ...ἔχει: "(yes) of course, for regarding our brothers has not Creon preferentially honored the one (with burial) and deprived the other of burial?" For assentient γάρ, see S 2806. Aorist participle + ἔχω is often a periphrasis for the perfect (S 599b).
τάφου: genitive of separation.
τὼ κασιγήτω: accusative, in apposition with τὸν μὲν...τὸν δ(έ) (J, K).

24. χρήσει < χρῆσις, "use."

26. Πολυνείκους νέκυν: object of the articular infinitives, καλύψαι and κωκῦσαι ("bewail") in 28.

27. ἀστοῖσι = ἀστοῖς, "citizens." -οισι and -αισι a r e metrically convenient alternative endings.
ἐκκεκηρῦχθαι: perfect passive infinitive < ἐκ-κηρύσσω, "herald out, proclaim publicly."

29. ἐᾶν < ἐάω.

30. εἰσορῶσι: modifies οἰωνοῖς above.
πρὸς χάριν βορᾶς: "for the pleasure of meat/food."

31. φασι: governs the infinitives through 36.

32. λέγω γὰρ κἀμέ (= καὶ ἐμέ): perhaps assentient γάρ, "yes I say even me."
κηρύξαντ(α) ἔχειν: periphrastic perfect; see on 21f.

33. μή: rather than οὐ with conditional participle. εἰδόσιν < οἶδα (S 2734).

34. σαφῆ: "clearly"; cognate or adverbial accusative, with προκηρύξοντα, which is future participle expressing purpose modifying Κρέοντα in 31.

34f. ἄγειν...οὐδέν: "treats (K) .. of no account" (S 1692.3a).

35. ὅς: sc. τούτῳ ; "(for that one) who" (S 2509).

36. προκεῖσθαι: "is appointed, prescribed."

δημόλευστον: "(death) by public stoning."

37. οὕτως ἔχει: ἔχω + adverb = "be *x*."

38. πέφυκας: The perfect of φύω is often little more than "is" but with the connotation "by nature" (i.e., φύσις). ἐσθλῶν: "from noble (parents)."

39f. τί...προσθείμην πλέον: "what more should I gain for myself?" εἰ τάδ(ε) ἐν τούτοις: "if these things (are) in these (states)," i.e., if the situation is such.

40. λύουσ(α)...: "(by) loosing or fastening (the knot?)," i.e., "acting in any way." (ἐ)φάπτουσα: aphaeresis (S 76).

41. εἰ: "whether (or not)" indirect question after σκόπτει (imperative). ξυνεργάσει: ξυν- (old Attic) = συν- ; J generally spells middle ending -ει instead of the usual -η (S 628).

42. ποῦ γνώμης ποτ(ε) εἶ: "wherever in thought are you?" i.e., what are you thinking? ποτε makes the question indefinite. γνώμης, partitive genitive, here may connote planning.

43. τῇδε: Antigone's hand (J). κουφιεῖς: future < κουφίζω, "lighten, raise," i.e., lift up the body for burial.

44. ἦ γάρ: interrogative (GP 284-5) "do you really?" σφ(ε): here, "him," i.e., Polyneices; but the form can be masculine or feminine, singular or plural.

45. γοῦν: like γε often suggests "yes" and emphasizes a personal or possessive pronoun.

46. ἁλώσομαι < ἁλίσκομαι, "be caught" or "be found to" (J).

47. σχετλία: vocative, "audacious, headstrong, stubborn" (K). ἀντειρηκότος: perfect participle < ἀντ-ερῶ; con-essive genitive absolute ("even though").

48. οὐδέν: adverbial, "by no means."

εἴργειν = ἔργειν, "to keep from" + genitive
μέτα = μέτεστι, "there is a share (to him)"; here "he has a right."

49. φρόνησον: imperative < φρονέω.
πατήρ: construe with ἀπώλετο after ὡς, "how."

50. νῷν: see on 3; dative of disadvantage (S 1481).
τ(ε): always translated before the word or phrase it follows ("postpositive").

51. πρός + genitive = "by, from."
αὐτοφώρων: "caught in the act," here perhaps etymologized as "self-detected."

52. ὄψεις < ὄψις, "sight, eye."
ἀράξας < ἀράσσω, "strike."
αὐτουργῷ: usually "peasant" but here etymologized (with αὐτός) as "self-working," almost "self-destructive."

54. πλεκταῖσιν ἀρτάναισι: "with twisted ropes," i.e., a noose.
λωβᾶται: historical present (S 1883), "outraged, maimed."

56. αὐτοκτονοῦντε: dual participle (see on 3), "self-slaying," i.e., killing each other; modifies ἀδελφώ in 55.
τώ: "those"; the article often functions as a demonstrative in tragedy (S 1104).

57. κατειργάσαντ(ο) < κατεργάζομαι, "accomplish," plural with dual subject, as often (S 955).
ἐπαλλήλοιν χειροῖν: "with each other's hands."

58. λελειμμένα < λείπω; modifying νώ, subject of ὀλούμεθ(α), future of ὄλλυμι.

59. ὅσῳ: dative of degree (measure) of difference, "by how much"; strengthens superlative adverb κάκιστ(α).
νόμου βίᾳ: "in violence of the law," i.e., against the law.

60. παρέξιμεν < παρέξειμι; protasis of future emotional condition (S 2328).
(εἶμι is a virtual future, S 1880).

61. τοῦτο μέν: answered by ἔπειτα δ(έ) in 63 (J).

γυναῖχ' = γυναῖκε.

62.   ὡς...οὐ μαχουμένα: "as ones (by nature) not going to fight."

63.   οὕνεκ(α) = ὅτι.
ἀρχόμεσθ(α): passive; -μεσθα is a metrically convenient alternative for -μεθα (S 465d).
ἐκ: "by," with genitive of agent (S 1678).

64.   καὶ...κᾆτι (= καὶ ἔτι): correlative.
ἀκούειν: either with χρή (61) or infinitive of result, "so as to obey"; τῶν κρεισσόνων is understood.
ταῦτ(α)...ἀλγίονα: accusatives of respect.

65.   μέν: emphasizes ἐγώ, with no answering δέ (J).
τοὺς ὑπὸ χθονός: the gods and the spirit of Polyneices (S 1698.1a).

66.   ξύγγνοιαν: "understanding, pardon."
τάδε: cognate accusative with passive (J).

67.   τοῖς ἐν τέλει βεβῶσι: "those having mounted in command (< βαίνω)," i.e, "men in office, magistrates."

69.   ἄν: The second is with δρῴης.
ἔτι: "yet at some future time" (J).

70.   γ(ε): either limiting ("at least") or stressing the word or phrase it follows.
μέτα (= μετά): so accented (anastrophe) when placed after its object (S 175a1).

71.   ἴσθ(ι): imperative; either < εἰμί "be what sort" (ὁποία J) or < οἶδα "know whatever" (ὁποῖα neuter nominative plural, K).
κεῖνον = ἐκεῖνον.

74.   ὅσια πανουργήσασ(α): "having dared a pious crime" (oxymoron).

75.   ὅν: with antecedent χρόνος, accusative of extent of time.
ἀρέσκειν + dative, "be pleasing to."

78.   ἄτιμα ποιοῦμαι = ἀτιμάζω (J); the middle may signify "gain for oneself."

τό: demonstrative with δρᾶν, accusative of respect.

80. προύχοι(ο) < προ-έχομαι, potential optative (S 1824) "you may put forward (as a pretext)." (S 449b, 72c).

81. χώσουσ(α) < χόω, "heap up."

82. ταλαίνης: exclamatory genitive (S 1407).
    ὡς: exclamatory, "how."

83. προτάρβει: "be anxious for" + genitive
    ἐξόρθου: present imperative < ἐξ-ορθόω, "set right, secure."

84. ἀλλ(ὰ) οὖν...γε: "well, at least" (GP 443).
    προμηνύσῃς < προμηνύω , "disclose beforehand"; μή (μηδενί) + aorist subjunctive = prohibition (S 1841b).

85. σὺν δ(ὲ) αὔτως ἐγώ: "and together (with you) I (will do) likewise"; σύν is adverbial.

86. πολλόν = πολύ, "by far," adverbial.

88. θερμὴν...ψυχροῖσι: "you have a warm heart for cold deeds"; i.e., burial of Polyneices, a rash act which may lead to Antigone's death (J).
    ἐπί: "with a view to" (J).

89. ἀρέσκουσ(α): indirect statement with οἶδ(α).
    οἷς: "(to those) to whom"; see on 35.
    ἀδεῖν: aorist infinitive < ἀνδάνω .

90. καί: "in fact," in "minatory-monitory" condition.
    ἀμηχάνων: genitive, after verb of desire (S 1349).

91. πεπαύσομαι: future perfect middle, "(then) I will cease" in the attempt to bury Polyneices.

92. ἀρχήν: adverbial, "in the first place," with οὐ πρέπει.

93. λέξεις: 'minotory-monatory' condition, a form of emotional future (see on 60).
    ἐχθαρεῖ: 2nd person singular future middle with passive sense < ἐχθαίρω, "hate."

94.   προσκείσει: 2nd person singular future < πρόσ-κειμαι, "lie beside"; perhaps "belong to" (K).

95.   ἔα: present imperative < ἐάω, one syllable by synizesis.

96.   πείσομαι < πάσχω.

97.   τοσοῦτον οὐδὲν ὥστε μὴ οὐ: "nothing so terrible (lit. much) so as not to"; μὴ οὐ, instead of μή, when ὥστε depends on a negatived verb (S 2759d).

Antigone exits. Ismene re-enters the palace.

100-161.   Parodos The chorus of Theban elders enters. Generally in an ode the chorus sing pairs of metrically identical stanzas called strophe (στρ.) and antistrophe (αντ.). Here the pairs are separated by an anapestic stanza (συστημα, συστ.). The meter of the strophes is a complex mixture of glyconics and pherecrateans, called loosely "aeolic." (See K for analyses). The sustema consists of anapestic dimeters, i.e., two basically anapestic (υυ-) units ("metra"). It can be diagrammed: υυ- υυ-//υυ- υυ-. // marks the coincidence of word end and end of the metron ("diaeresis"). There is free substitution of - for υυ and υυ for -, but υυυυ is avoided. Thus we can scan lines 110-111 as follows:

     υ υ   - υ υ -   -   υ υ - -
     ὃς ἐφ' ἡμετέρᾳ   γᾷ Πολυνείκους
     -   -   -   -   - - υ υ -
     ἀρθεὶς νεικέων   ἐξ ἀμφιλόφων

100.   Observe the Doric alpha: ἀελίου (= ἡελίου = ἡλίου; 100), Θήβα (102), ἀμέρας (104), γᾷ (110), γᾶν (113), ὑπερέπτα (113), ἔβα (120).

101.   κάλλιστον: a combination of "most beautiful (of all)" and, with τῶν προτέρων, "more beautiful than those before." φανέν: second aorist participle neuter < φαίνω.

102.   Θήβα: singular, common in lyrics (K).

103.   ποτ(έ): "at last" (J).

104.   βλέφαρον: "eyelid, eye," referring to the sun.

105. **Διρκαίων...ῥεέθρων:** "Dircean streams"; Dirce was a spring just to the west of Thebes (J).
μολοῦσα < βλώσκω, "come, go."

106. **'Αργόθεν:** "from Argos." Polyneices had married Argeia, daughter of the Argive king Adrastus, and thereby formed a military alliance against Thebes.

107. **φῶτα:** "man," object of κινήσασα in 109; collective usage referring to the entire army.
πανσαγίᾳ: "in full armor."

108f. **φυγάδα πρόδρομον:** proleptic predicate, "(so as to be) a fugitive in headlong flight" (S 1579).
ὀξυτέρῳ...χαλινῷ: "with sharper rein," i.e., in swift flight; dative of manner with φυγάδα or, reading ὀξυτόρῳ with one manuscript, "with sharper bit," dative of means with κινήσασα.

110f. **ὅς...κλάζων:** antecedent φῶτα.
ἐφ' (= ἐπί): with ἀρθείς (< αἴρω, "raise") "raised up over" or "having set forth against" (J).

111. **ἐξ:** "out of" i.e., "in consequence of."

113. **ὥς:** "like"; accent shows ὥς looks back, referring to αἰετός.
ὑπερέπτα: 2nd aorist active < ὑπερπέτομαι; "flew over the land" (J).

114. **στεγανός:** "covered."

116. **κορύθεσσι** = κόρυσι < κόρυς, "helmet."

118f. **φονώσαισιν...στόμα:** "having gaped around (< ἀμφιχάσκω) the seven-gated mouth (of Thebes) in a circle with bloodthirsty (< φονάω) squadrons."

120. **ἔβα:** "he went (away)."
πρίν ποθ' (= ποτέ): "before ever"; "before things went so far that" (K).

121. **γένυσιν:** instrumental dative, < γένυς, "jaw."
πλησθῆναι: aorist passive infinitive < πίμπλημι, "fill with" + genitive.

123. πευκάενθ' "Ηφαιστον: "piney Hephaestus," i.e., the fire of pine torches (metonymy); accusative subject of ἑλεῖν < αἱρέω.

124. ἐτάθη: aorist passive < τείνω.

125. πάταγος "Αρεος: "clashing noise of war."

126. ἀντιπάλῳ...δράκοντος: "an ill-subduing of the serpent by/for the adversary," i.e., an Argive defeat (J); or, with most of the manuscripts ἀντιπάλῳ...δράκοντι, "a hard-won victory for the serpent matching his foe," (K) i.e., a Theban victory. The Thebans were descended from warriors sprung from a serpent's teeth sown by Cadmus.

130. χρυσοῦ καναχῆς ὑπεροπλίαις: "in the presumptuousness of the clang of gold"; Capaneus, the Argive leader, had golden letters on his shield.

131f. βαλβίδων...ἄκρων: "upon the highest battlements"; with ὁρμῶντ(α) < ὁρμάω, "rush."

133. νίκην: internal accusative with ἀλαλάξαι, "to shout victory, to give the cry of victory."

134. ἀντιτύπᾳ: "firm, rigid."
     πέσε = ἔπεσε; the augment is sometimes omitted in choral odes (S 438a).
     τανταλωθείς < τανταλόομαι, "swing, be balanced, totter."

136. ἐπέπνει < ἐπιπνέω; "breathed upon (them)."

138. εἶχε...ἄλλᾳ: "held otherwise/in the other way," i.e., went badly (see on 37). Subject is τὰ μέν, "these things on the one hand."

139. ἄλλα...στυφελίζων:"treating (them) roughly" or "striking heavily" (J).

140. δεξιόσειρος: "right-hand trace-horse," (J) i.e., leader, guide.

143. τροπαίῳ: "the turner," i.e., "giver of victory"; often a trophy ("turning") was set up to mark the point where a rout began.

τέλη: here "offerings, dues."

144. ᾧ: dual relative pronoun.

145. καθ' αὐτοῖν: "against themselves," i.e., against one another.

146. δικρατεῖς: "double-powered."
στήσαντ(ε): transitive.

148. γάρ: " since," with ἦλθε.

149. ἀντιχαρεῖσα < ἀντιχαίρω, "rejoice in answer."

150. ἐκ: either "after" with πολέμων (J) or adverbial with θέσθαι.

151. θέσθαι λησμοσύναν (= ἐκλάθεσθε): infinitive for imperative (S 2013).

153. ἐπέλθωμεν: hortatory subjunctive.

154. ὁ...Βάκχιος: "the earth-shaking Bacchic one of Thebes," i.e., Dionysus.
ἄρχοι: "lead (the dance)," optative without ἄν = wish (S 1814).

155. ἀλλ(ά)... γάρ: "but (stop) for..."; indicating the appearance of a new character (GP 103-4).
ὅδε: deictic, "this here" (S 1241).

156. ὁ Μενοικέως: "the (son) of Menoeceus."
νεοχμός: appositive, "(as a) new (ruler)."

158. τίνα: accent indicates an interrogative.
ἐρέσσων: "plying" (lit. of rowing).

159f. ὅτι: "because," giving the reason for the question.
σύγκλητον... προύθετο λέσχην: "proposed this summoned council," i.e., extraordinary session (J).

161. πέμψας:"having sent (notice of the meeting)" (J).

12 *Nicolas P. Gross*

162-331. FIRST EPISODE.

162. **πόλεος**: a metrically convenient Ionic alternative for πόλεως; with τά, "the affairs of the city."

163. **σάλῳ**: "tossing" (of the sea).

165. **ἱκέσθαι**: epexegetic (explanatory) infinitive, (J).

165-7. **τοῦτο μὲν...τοῦτ(ο) αὖθις**: probably a strong "both ... and also."

166-9. **σέβοντας...μένοντας**= ὅτι ἐσέβετε...ἐμένετε imperfect participles (S 1872a1) dependent on εἰδώς.

170. **ὅτ(ε)**: "when, since"; ὅτι never elides.

172. **πληγέντες**: 2nd aorist passive participle < πλήσσω, "strike."
αὐτόχειρι σὺν μιάσματι: "with pollution of each other's hand," i.e., "with the stain of fratricidal murder" (K).

173. **δή**: "now" (J).

174. **γένους κατ(ὰ) ἀγχιστεῖα**: "according to nearness of race," i.e., by right of kinship.

175. **παντός**: "any."

177. **ἀρχαῖς**: probably dative of respect, "duties of administration" (J).
ἐντριβής: "worn," i.e., "experienced/tested in."

178. **ἐμοί**: with δοκεῖ (181).
γάρ: "for," explains the preceding statement (GP 60).

179. **μή...ἅπτεται**: "lay hold of, grasp" (S 2336c, S 2506).

180. **του** = τινός.
ἐγκλήσας < ἐγκλείω, "lock in, confine."

183. **οὐδαμοῦ**: "nowhere," i.e., of no account; sc. εἶναι.

187f. **φίλον...θείμην**: "deem a friend," with ἄνδρα in apposition.

189. ἥδ(ε): i.e., the city.

189f. ταύτης ἔπι πλέοντες ὀρθῆς: "sailing upon this (one) (staying) upright."

191. νόμοισι: here "rules."
αὔξω = αὐξάνω, "increase, strengthen."

192. ἀδελφά: "akin to, in full accord with" (K).

195. πάντ(α): inner accusative with ἀριστεύσας, "having gained the prize for valor in every respect, having gained every prize for valor."

196. τὰ πάντ(α): inner accusative with ἐφαγνίσαι, "to perform all rites for" (+ accusative).

198. λέγω: "mean."

200. φυγάς: "as a fugitive," in apposition to ὅς in 199.

201. πρῆσαι < πίμπρημι, "burn."
κατ(ὰ) ἄρκας: "from the top down, utterly."

202. πάσασθαι < πατέομαι, "eat, partake of" (+ genitive).
τοὺς δέ: "the others"; "as if τῶν μέν had preceded αἵματος" (J).

203. τοῦτον: i.e., Polyneices.

204. τινα: subject of the infinitives.

205f. δέμας...αἰκισθέντ(α) ἰδεῖν: "in body (accusative of respect) eaten, disfigured to see."

212. κἀς = καὶ ἐς (εἰς); ἐς with δύσνουν and εὐμενῆ.

213. πού: "I suppose."

214. χὠπόσοι: i.e., καὶ (περὶ ἡμῶν) ὁπόσοι.

215. ὡς ἂν...ἦτε: "(see to it) that you may be"; purpose clause (S 2201a), instead of the usual effort clause with the future (S 2211, 2203).

εἰρημένων: perfect passive participle, < ἐρῶ.

218. δῆτ(α): "then."
      ἐπεντέλλοις: "command in addition."

219. (ἐ)πιχωρεῖν: aphaeresis (see on 40); either "join their side" (J) or "give way to" (K).

221. καὶ μήν: emphatic confirmation; "indeed" (GP 353).

222. διώλεσεν: gnomic aorist, expressing a general truth (S 1931).

      The guard enters.

223. οὐχ: with ἐρῶ < ἐρέω (J).
      ὅπως: here "that."

224. ἐξάρας < ἐξαίρω, "lift up, raise."

225. φροντίδων ἐπιστάσεις: "haltings belonging to (i.e., caused by) thoughts" (J).

226. κυκλῶν < κυκλόω, "turn around."

227. ηὖδα < αὐδάω.

228. οἷ: "to (the place) where, where."

229. εἴσεται: future < οἶδα.

230. ἀλγυνεῖ: future middle with passive meaning.

231. ἤνυτον < ἀνύτω, "complete (a journey)."

233. τέλος γε μέντοι: "at last, however."
      ἐνίκησεν: probably impersonal, "it won out," i.e., "it seemed best."

234. δ(έ): introducing an apodosis after a concessive protasis (S 2837).

235. δεδραγμένος < δράσσομαι, "grasp, clutch" + genitive.

236. τὸ μὴ παθεῖν ἄν = ὅτι οὐ πάθοιμι ἄν (J).

237. ἀνθ' οὗ: "(that) because of which."

238. τἀμαυτοῦ = τὰ ἐμαυτοῦ; "the things of myself," i.e., "my own concerns."

241f. στοχάζει κἀποφράγνυσαι...τὸ πρᾶγμα: "you aim well (at your own safety) and fence off the matter in a circle."

242. δηλοῖς: See on 20.
    σημανῶν: future < σημαίνω , "reveal."
    νέον: "strange," i.e., terrible.

243. τοι: "as you well know" (GP 542).

244. ἄπει < ἄπειμι (< ἀπό, εἶμι), future, virtual command (S 1918).

246. θάψας < θάπτω,"bury," here "honor with funeral rites."

247. κἀφαγιστεύσας < ἀπο-ἀγιστεύω, "to perform sacred rites, purify"; a sprinkling of dust is equivalent in honor to burial.

249f. οὔτε...οὐ: i.e., "neither ... nor"; the lack of parallelism indicates the guard's intense emotions (GP 510).
    γενῆδος < γενηίς, "pick-axe."
    δικέλλης ἐκβολή: "throwing out (of earth) by a mattock."
    στύφλος: "hard."

251. χέρσος: either "dry land" (i.e., soil) or (adjectival) "dry."
    ἀρρώξ: "unbroken."
    ἐπημαξευμένη < ἐπαμαξεύω, "mark with tracks (of wheels)."

252. οὐργάτης = ὁ ἐργάτης, "the doer"; construe with ἄσημος.

253. ὅπως: here "when."
    ἡμίν: metrically shortened (S 325f).

255. ὁ μέν: answered by σημεῖα δ(έ) in 257.
    ἠφάνιστο < ἀφανίζω, "make disappear, make unseen."
    τυμβήρης: "covered with a mound."

256. ἄγος φεύγοντος ὥς: "as from one wishing to avoid pollution"; the genitive is possessive (J). For the accent of ὥς see on 113.

257. τοῦ: with θηρός...κυνῶν (J).

258. οὐ,: here "nor" (see on 250).
     σπάσαντος < σπάω, "rend."

259. ἐρρόθουν < ῥοθέω, "roar, clamor."

260f. κἂν ἐγίγνετο πληγή: past potential, "and it might have come to blows" (S 1784), or unreal indicative ("would have" S 1786).
     τελευτῶσ(α): "ending up," i.e., "in the end."
     ὁ κωλύσων: "one who would .."

262 . εἷς...τις...ἕκαστος: "each one whoever he was."

263. ἔφευγε μὴ εἰδέναι: "(each) pleaded in defense that he knew nothing of it" (J); μή instead of οὐ with expressions of asseveration and belief in indirect discourse (S 2725).

264. μύδρους αἴρειν: "lift red-hot iron" as an ordeal.

266. ξυνειδέναι < σύνοιδα, "share knowledge with."

268. ἐρευνῶσιν: dative participle < ἐρευνάω, "search."

270. προὔτρεψεν: "impelled."
     εἴχομεν: ἔχω + infinitive = "I am able"; + ὅπως = "I know how."

271. δρῶντες: "if we did (what he said)" (K).
     καλῶς...πράξαιμεν:"fare well"; optative substituting for deliberative subjunctive.

272. ἀνοιστέον < ἀναφέρω, "bring up, bring back, report"; verbal adjective + dative (K) expressing necessity (impersonal S 2152).

273. εἴη: optative in indirect discourse.

275. πάλος: "lot."
     καθαιρεῖ: "seizes," here in a legal sense, "condemns."

276. οἶδ(α) ὅτι: adverbial, "doubtless" (J).

278. μή τι καὶ θεήλατον: "lest (it is) in some way actually sent by a god"; doubtful assertion (S 1772).

279. βουλεύει: "has been pondering" (S 1885).

280. παῦσαι: aorist middle imperative.
μεστῶσαι < μεστόω, "fill with" + genitive

284. πότερον: introduces alternative question; not translated unless the question is indirect.

287. διασκεδῶν: Attic future < δια-σκεδάννυμι, "scatter."

288. τιμῶντας: modifies θεούς.

289f. πόλεως...ἄνδρες: "(certain) men of the city," an unusual usage (K).

292. λόφον: "crest, mane," i.e., neck.
ὡς = ὥστε.
στέργειν: "love"; thus "submit to."

293. ἐκ: See on 63.
τούτους: i.e., the guards; accusative subject of εἰργάσθαι.

294. παρηγμένους < παράγω, "induce, lead astray."

295. οἷον: "like, as much as."

296. κακὸν νόμισμ(α): predicate nominative with οὐδὲν ἔβλαστε, "(nothing) springs up (as) evil currency"; gnomic aorist.

297. ἐξανίστησιν < ἐξανίστημι, "make emigrate."

298. ἐκδιδάσκει καὶ παραλλάσσει: "teaches and diverts (one) to."

300. πανουργίας...ἔχειν: "practice villainies" (J).

302. μισθαρνοῦντες: "serving for hire."

303. χρόνῳ ποτ(ε): "eventually" with δοῦναι δίκην.

305. ἐπίστασ(ο): present imperative < ἐπίσταμαι.

308. μοῦνος: Ionic for μόνος.

309. κρεμαστοί: "hung up."

310. κέρδος: object of εἰδότες and proleptic subject of οἰστέον (< φέρω), "knowing gain from where it must be borne/ obtained, " i.e., "knowing from where gain..."

311. τὸ λοιπόν: "hereafter."

313. λημμάτων: "profits, gains."

315. δώσεις: here "allow."
    οὕτως: "without more ado" (J).
    ἴω < εἶμι, deliberative subjunctive.

317. ὠσίν < τὸ οὖς, "ear."

318. ῥυθμίζεις...ὅπου: "measure where my pain is"; prolepsis.

319. φρένας: accusative of respect.

320. οἴμ' = οἴμοι (S 74).
    λάλημα: "babble," deprecatory neuter to which ἐκπεφυκός is attracted.

322. καὶ ταῦτ(α)...γε: "(yes) and (you did) these things..."

323. ᾧ δοκεῖ γε: literally, "(to him) to whom it does seem (so)," i.e., "when a man *does* harbor suspicions" (J).

324. κόμψευε: "refine upon" (K).

    Creon exits.

327. ἀλλ(ά): "well," prefacing a wish, J (GP 16).
    μάλιστ(α): denotes the best thing that could happen (J).

328. ληφθῇ < λαμβάνω.
    καί μή: "and (if) not."

329. οὐκ ἔσθ' ὅπως: "it is not possible how," i.e., "there is no way that" (S 2551).

ὄψει < ὁράω.

The guard exits.

332-83. The chorus sings the FIRST STASIMON. Doric alpha: Γᾶν (338), ἀκαμάταν (339), τόλμας (371). In this ode, the scale of achievement ascends but concludes in ambiguity: man is master of sea and land, subdues all creatures, has equipped his life with all resources, except a remedy against death; his skill brings him to prosperity, when he observes divine and human laws, but to ruin when he breaks them (J).

332. δεινά: "fearful, awful, dangerous; powerful, skillful; wonderful, strange" (K).

πέλει = ἐστί.

334. τοῦτο: sc. τὸ δεινόν, i.e., "man" (J).
πέραν: "across" + genitive.

336. περιβρυχίοισιν: "with depths around, engulfing."

337. ὑπ(ό): "under," i.e., in the trough of.

339. ἀποτρύεται: "wears away, vexes."

340. ἰλλομένων = εἰλομένων, "going to and fro."
ἔτος εἰς ἔτος: "(from) year to year."

341. ἱππείῳ γένει: "mule," tragic periphrasis (J).
πολεύων = πολέων, "turning up"; Γᾶν is its object.

342. κουφονόων: "light-minded, thoughtless."

345. εἰναλίαν: "of the sea."

346. σπείραισι δικτυοκλώστοις: "net-spun coils" (K); with ἀμφιβαλών.

347. κρατεῖ: "prevails over" + genitive.

350. ὀρεσσιβάτα: "moutain-roaming," Doric genitive (S 214D5).
λασιαύχενα: "shaggy necked."

20 *Nicolas P. Gross*

351. ὀχμάζεται: "binds fast, tames." Most editors prefer ὑπάξεται, "leads under (the yoke), tames"; future expressing general truth (S 1914).
ζυγῶν < ζυγόω.

352. οὔρειον: "mountain" (adjective).
ἀκμῆτα < ἀκμής, "untiring, unwearied."

356. ἀστυνόμους ὀργάς: "such dispositions as regulate cities" (J).
ἐδιδάξατο: "taught himself" (K).
δυσαύλων...βέλη: "(how) to flee the open-air and hard-raining arrows of frosts," i.e., frost and rain in the open.

360. παντοπόρος: "all-contriving, all-resourceful."

361. τὸ μέλλον: either adverbial, "in the future" or with οὐδέν, "nothing that will be."
Ἄιδα: Doric genitive.

362. ἐπάξεται < ἐπάγω, "devise, invent."

364. ξυμπέφρασται < συμφράζομαι, "consider, contrive."

365. σοφόν τι: "a clever thing"; in apposition to τὸ μηχανόεν τέχνας, "the ingenuity of skill," object of ἔχων.

368. γεραίρων: "honoring"; the manuscript reading παρείρων (perhaps "wearing") is defended by some scholars.

370. ὑψίπολις: both "with his city high" and "high in his city."

371. χάριν: "by reason of" (J).

374. ἴσον φρονῶν: "thinking equal/like" i.e., being like-

Antigone is led in by the guard.

376-83. Anapests (for meter see on 100-161).

376. ἀμφινοῶ: "think both ways, be in doubt."

379. δύστηνος: nominative for vocative (S 1288).

381. οὐ δή που: "surely not," an incredulous question (GP 223, 267).

384-581. SECOND EPISODE.

386. ἄψορρος: "coming back."
ἐς δέον: "at our need," neuter participle.

387. ξύμμετρος: "coincident with."

388. ἀπώμοτον: "declared not so on oath."

389. ψεύδει: in active voice = "belies, gives the lie to" (so K).
(ἐ)π ίνοια: "second thought."

390. σχολῇ: "at leisure, not in a hurry" (ironic, J).
ἄν: probably with ἥξειν (K) but perhaps past potential (J) with ἐξηύχουν < ἐξ-αυχέω, "boast, profess."

391. ταῖς σαῖς ἀπειλαῖς: causal dative.

392. ἐκτὸς καὶ παρ(ά): "outside and beyond," unique zeugma of prepositions (J).

393. μῆκος: accusative of respect, "in length," "in size."
οὐδέν: adverbial accusative, "in no way."

396. κλῆρος... ἐπάλλετο: "the lot did not leap (from the helmet) this direction," i.e., I was not chosen by lot for this.

397. θούρμαιον = τὸ ἕρμαιον, "gift of Hermes," i.e., unexpected piece of luck.

399. κρῖνε = ἀνάκρινε, "judge" (hysteron proteron).

400. ἀπηλλάχθαι < ἀπαλλάσσω, "release."

401. τῷ τρόπῳ πόθεν: double question, "in what manner (and) whence?"

403. ἦ καί: "did you indeed ...?" affirmative interrogative (GP 285).

406. ὁρᾶται: historical present; see on 54.
κἀπίληπτος = καὶ ἐπίληπτος, "detected in (the act)."

408. **ἐπηπειλημένοι** < ἐπαπειλέω, "threaten"; with τά δείν(α) ἐκεῖν(α) as inner accusative.

409. **σήραντες** < σαίρω, "sweep."

410. **μυδῶν** < μυδάω,"ooze"; modifying σῶμα.

411. **καθήμεθ(α)**...ἐκ: "sat (looking out) *from*" (J).

413. **ἐγερτί**: "eagerly, busily."

41f. **ἐπιρρόθοις κακοῖσιν**: "abusive reproaches." **ἀκηδήσοι** < ἀκηδέω, "neglect"; optative in implied indirect discourse (S 2622).

417. **καῦμ(α)**: "burning heat (of the sun)." **χθονός**: genitive of separation.

418. **τυφώς**: "whirlwind." **σκηπτόν**: "dust-storm."

419. **φόβην**: "hair," i.e., "foliage."

420. **ἐν**...ἐμεστάθη < ἐμμεστόομαι, "be filled full," tmesis (S 1651).

421. **μύσαντες** < μύω, "shut one's eyes." **εἴχομεν**: "endured" (K).

422. **ἀπαλλαγέντος**: See on 400.

425. **εὐνῆς**...λέχος: tragic idiom for "bed."

427. **ἐξῴμωξεν** < ἐξοιμώζω, "wail aloud."

427f. **ἐκ**...ἠρᾶτο < ἐξαράομαι, "curse"; tmesis.

430. **εὐκροτήτου χαλκέας**...πρόχου: "well-hammered bronze pitcher." **ἄρδην**: (adverbial) "lifted up high."

431. **τρισπόνδοισι**: τρισ- = 3 times, characteristic of libations.

432. ἰέμεσθαι < ἵημι, historical present or imperfect (likewise θηρώμεθ' in 433).
νιν: Doric, enclitic, accusative singular (S 325e).

433. ἐκπεπληγμένην < ἐκπλήσσω, "terrify."

435. καθίστατο: "her attitude was."

437. αὐτόν: subject of articular infinitive.

439. ἥσσω = ἥσσονα, neuter plural nominative with epexegetic (explanatory) infinitive λαβεῖν and genitive of comparison, "less to take than," i.e., less worth getting than.

441. σέ: elliptical accusative (S 1599).

442. καταρνεῖ < καταρνέομαι, "deny" + infinitive and redundant μή (S 2740, 2744.9).

444. σύ: the guard.
ᾗ: "(to) where" relative adverb.

The guard exits.

446. μῆκος: "at length," adverbial accusative (S 1609).

447. ᾔδησθα... τάδε: "did you know these things were proclaimed not to do," i.e., proclamation was made not to do these things.

448. τί... ἔμελλον: "why was I not likely (to know) it?"(J).

451. ξύνοικος: "fellow inhabitant, fellow."

455. νόμιμα: "rules."
θνητὸν ὄνθ' (= ὄντα): "(you) who are mortal."

456. κἀχθές = καὶ ἐχθές, "and yesterday."
ποτε: reinforces ἀεί, "everlastingly" (K).

458. τούτων: with δίκην, "penalty for (breaking) these (laws)"; genitive of crime (S 1375).

460. θανουμένη: future participle.
τί δ' οὔ: See on 448.

462. αὖτ' = αὐτό.

465. τυχεῖν + genitive = "meet with, attain."

466. παρ(ὰ) οὐδέν: See on 35.
      ἄν: simply anticipates the ἄν in 468 and is not translated.

467. ἠνσχόμην = ἠνεσχόμην, second aorist < ἀνέχομαι, "endure."
      It was the duty of the female family members to bury the dead.

468. κείνοις...τοῖσδε: plural for singular (S 1000b).

469. μῶρα: neuter plural object of δρῶσα; supplementary
      participle with τυγχάνειν.

470. σχεδόν τι: "almost" or "perhaps."
      μώρῳ: "in the judgment of a fool."

471f. δηλοῖ...παιδός: "the maiden, his offspring, shows herself
      fierce from a fierce sire" (J). τῆς παιδός is a defining
      genitive with τὰ γέννημα; literally, "the offspring
      (consisting) of the girl."

475. ὀπτὸν...περισκελῆ: "roasted by fire very hard," i.e.,
      tempered to hardness.

476. θραυθέντα καὶ ῥαγέντα < θραύω, "shatter" and
      ῥήγνυμι, "break."
      πλεῖστ(α): adverbial, "for the most part."

478. καταρτυθέντας < καταρτύω, "prepare, train."
      ἐκπέλει: "it is allowed."

479. φρονεῖν μέγ(α): "think big, be arrogant."

481. προκειμένους: "prescribed" (K).

482. δέδρακεν: Subject is Antigone.

483. γελᾶν: infinitive.

485. ἀνατί: adverbial, "with impunity."

486. ἀδελφῆς: "my sister's (child)," Jocasta.

ὁμαιμονεστέρα/...ἑρκείου: "closer in blood than every Zeus of the hearth," i.e., than anyone of my home.

488. χή ξύναιμος: Ismene.
ἀλύξετον: dual future active < ἀλύσκω, "flee from, avoid" (here + genitive).

489. καί: with κείνην, "her too" (K).
γὰρ οὖν: "for indeed" (J).

490. τάφου: partitive genitive with ἴσον (S 1415) (so J); or with ἑπαιτιῶμαι, genitive of the charge; see on 458.

492. ἑπήβολον: "in possession of."

493. φιλεῖ: "is accustomed to."

495. μέντοι: probably adversative ("however") not intensive ("indeed").
χὅταν: καί = "too."

496. ἁλούς: second aorist participle < ἁλίσκομαι, "be captured."

499. μέλλεις: "delay."
ὡς: "since."

500. ἀρεστόν: "pleasing."

501. ἀφανδάνοντ(α) < ἀφανδάνω, "displease."

504. τούτοις...πᾶσιν: dative of agent with present passive, λέγοιτ(ο) (J), rather than with ἀνδάνειν (K).

509. ὑπίλλουσιν < ὑπίλλω, "shut down, draw in."

511. γάρ: "(no), for ..."

514. ἐκείνῳ δυσσεβῆ: "irreverent to that (other) one," i.e., Eteocles.
τιμᾷς χάριν: "honor (as) a favor" or "duly render grace" (J).

516. εἴ: "(yes he will) if ..." (S 2352a).
σφε = αὐτόν.

518. ὕπερ: so accented as if following its object (genitive supplied from τήνδε γῆν).

520. λαχεῖν: sc. ποθεῖ (J), "(desires) to receive, be allotted."

521. κάτωθεν: adverbial, "from below, below" (J).
      εὐαγῆ: "lawful, holy."

522. οὐχθρός = ὁ ἐχθρός; article indicates subject.

523. συνέχθειν: "join in hating."
      ἔφυν: "I am disposed to, it is my natural inclination to."

524. φιλητέον: verbal adjective; see on 272.
      φίλει: imperative.

      Ismene enters.

526-30. Anapests.

526. καὶ μήν: "look"; introduces a new person.

527. φιλάδελφα: "sisterly," with δάκρυ(α).
      εἰβομένη: "pouring."

529. αἱματόεν ῥέθος: either "bloody face," from scratches inflicted in mourning, or, as many think, "flushed countenance."

530. εὐῶπα < εὐώψ, "fair to look at, attractive."

531. ὑφειμένη: "lurking," perfect passive participle < ὑφίημι, "set under."

533. ἄτα: accusative dual < ἄτη.
      κἀπαναστάσεις = καὶ ἐπαναστάσεις, "rebellions, overthrows."

534. φέρ(ε): commonly with another imperative (S 1836), "come now."

535. μετασχεῖν < μετ-έχω, "have a share of."
      (ἐ)ξομεῖ: 2nd person singular future < ἐξόμνυμι, "swear" (S 2711, 2705i).

536. **ὁμορροθεῖ**: "consent."

537. **αἰτίας**: probably with both verbs but taking its case from ξυμμετίσχω, "join in sharing."

538. **σ' = σε** (S 72a).

541. **ξύμπλουν**: "shipmate," here "comrade" + genitive.

542. **ὧν τοὔργον...ξυνίστορες**: "(are) fellow-knowers (witnesses) of whom the deed (is)."

544f. **μήτοι...ἀτιμάσῃς**: prohibitive subjunctive. See on 84.
τὸ μὴ οὐ θανεῖν: articular infinitive with redundant negative after a verb of hindering (S 2744.8, 2759d).

546. **κοινά**: adverbial.
(ἔ)θιγες < θιγγάνω, "touch."

548. **λελειμμένη**: "bereft of"; < λείπω.

549. **ἐρώτα** < ἐρωτάω, imperative.
κηδεμών: "protector."

552. **ἀλλὰ νῦν**: "*now*, at least," J (GP 13).

554. **τάλαινα**: nominative in an exclamation (S 1288).
κἀμπλάκω: 2nd aorist, (deliberative) subjunctive < ἀμπλακίσκω, "miss, come short of."

556. **οὐκ ἐπ' ἀρρήτοις...λόγοις**: "not in my unspoken words" or "not with my words/arguments unspoken."

558. **καὶ μήν**: "and yet" (GP 357); contrast 221.
νῷν : See on 3.

562. **πεφάνθαι** < φαίνω.
ἀφ' οὗ: "from (the time) when"; see on 12.
τὰ πρῶτ(α): adverbial, "first."

564. **κακῶς πράσσουσιν**: Distinguish this ("fare badly") from κακὰ πράσσω ("do evil").

565. **ὅθ'**: See on 170.

567. ἥδε...μὴ λέγ(ε): "do not say `this one'"; independent nominative (S 940).

568. νυμφεῖα: "bridal things, nuptials," here "bride" (by metonymy, S 3033).

569. ἀρώσιμοι: "plowable."

570. ὥς:"thus"; with ἡρμοσμένα, < ἁρμόζω, "fit, fasten, agree."

572. This line and 574 are given to Ismene in the manuscripts and these attributions are often defended.

573 τὸ σὸν λέχος: "your marriage" (spoken to Antigone) or "that marriage of which you are speaking" (spoken to Ismene).

574. ἦ γάρ: See on 44.

576. δεδογμέν(α) (sc. ἔστι) = δέδοκται, "it has been decided/decreed."

577. μή: sc. ποιεῖσθε.

578. ἐκ δὲ τοῦδε: "henceforth" (J).

579. ἀνειμένας < ἀνίημι, "let loose, let roam."

580. τοι: typical for proverb K (GP 542).

581. Antigone and Ismene Exit.

582-630. SECOND STASIMON.

582. ἄγευστος: "not having tasted," + genitive after an alpha privative (S 1428).

583. θεόθεν: "by a god," genitive of source.

585. γενεᾶς ἐπὶ πλῆθος: "upon a multitude of generations." ἕρπον: with οὐδέν.

586-89. ὅμοιον ὥστε...πνοαῖς: "even as when a surge driven by stormy sea-winds from Thrace rushes over the dark depths of the sea (lit. under the sea)" (J).

590. βυσσόθεν: "from the depths."

591. θῖνα < θίς, "sand."

592. δυσάμενοι...ἀντιπλῆγες ἀκταί: "headlands beaten hard by opposing winds."

593. Λαβδακιδᾶν: (Doric genitive plural) "of the (living) Labdacidae" (J), i.e., descendants of Labdacus, the father of Laius.
     ὁρῶμαι: middle of epic and dramatic poetry (J).

595. φθιτῶν: "of the dead."

597. ἔχει: sc. γενέα.

599-603. ἐσχάτας...κόνις: Construe φοινία κόνις κατ(ὰ) ἀμᾷ (καταμάω= "cut down") φάος ὃ τέτατο (= ἐτέτατο < τείνω) ὑπὲρ ἐσχάτας ῥίζας. νιν similarly picks up φάος in a slight anacolouthon and should not be translated.

600. ῥίζας: "root" i.e., Antigone, the hope of salvation of the house of Labdacus.

603. λόγου...ἐρινύς: in apposition to κόνις.
     φρενῶν ἐρινύς: "an erinys of the mind: i.e., the infatuated *impulse*" (J).

604. τεάν...δύνασιν: lyric for σὴν δύναμιν.

605. κατάσχοι: potential optative without ἄν (S 1821a).

606. τάν: demonstrative; see on 56.
     πάντ(α) ἀγρεύων: "subduing all"; J's conjecture for the manuscript reading, παντογήρως, "making all old."

608f. ἀγήρως..δυνάστας: (nominative) "ageless ruler."

611. τό τ(ε) ἔπειτα: "the (near) future" (J).

614. πάμπολυ: "vast" (J), either with οὐδέν ("nothing vast") above or adverbial with ἐκτός ("far outside of)."

615. πολύπλαγκτος: "much-wandering" or "leading far

616. ὄνασις: "benefit, pleasure."

618. ἕρπει: subject is probably ἀπάτα, with οὐδέν, object of εἰδότι.

619. πρίν + subjunctive without ἄν (S 2444b).

620. προσαύσῃ < προσαύω (here only), "burn against" (J).

622-24. τὸ...ἄταν: "the (thought) that..."
       δοκεῖν: indirect discourse implied by ἔπος above.

623. ἔμμεν: epic for εἶναι; with δοκεῖν.

       Haemon enters.

629. τάλιδος < τᾶλις, "wife."

630. ἀπάτας: genitive singular.
       ὑπεραλγῶν < ὑπεραλγέω, "grieve exceedingly."

631. εἰσόμεσθα < οἶδα.

632. ἆρα μή: "it cannot be can it that ...?" (GP 48).

634. σοὶ μέν: i.e., as opposed to Antigone (and Ismene), K (GP 380f.).
       πανταχῇ δρῶντες: "acting in every way," i.e., "whatever I do."

635. γνώμας: with ἔχων (either "if you have" or "since you have") and ἀπορθοῖς (indicative or optative; K).

637. ἀξιώσεται: "will be claimed, deemed (to be)"; see on 60.

638. φέρεσθαι: here "to gain," with μείζων.

639. γάρ: "(yes) for" (GP 89).
       διά: "throughout."
       οὕτω...ἔχειν: See on 37.

640. γνώμης...ἑστάναι: "to take up your position behind (i.e., obey) your father's judgment in every way (πάντα)."
       ἑστάναι is second perfect infinitive < ἵστημι.

641. τούτου...οὕνεκ(α): explained by ὡς (= ἵνα) below.

643. ἀνταμύνωνται < ἀνταμύνομαι, "requite."

645. φιτύει: "produce."

647. γέλων: poetic accusative.

650. παραγκάλισμα: "armful."

653. ὡσεί τε: "*and* as if (she were)" (J).
    μέθες: second aorist active imperative μεθίημι, "dismiss, permit."

654 ἐν "Αιδου: "in (the house) of Hades."

658. ἐφυμνείτω < ἐφυμνέω, "invoke."
    Δία: accusative < Ζεύς.

659. ξύναιμον: "presiding over kindred"; Ζεὺς ξύναιμος is a special aspect of Ζεὺς ἕρκειος, cf. 487 (K).

660. ἄκοσμα: predicative adjective(J), and probably proleptic.

662. φανεῖται...ὤν: φαίνομαι + participle = "I am plainly"; + infinitive = "I seem" (S 2143).

664. τοὑπιτάσσειν = τὸ ἐπιτάσσειν, "to command" (S 2034e).

668. ἄνδρα: accusative subject of ἄρχειν, (ἐ)θέλειν and μένειν below.

669. ἄν: with ἄρχειν = ὅτι ἄρχοι ἄν and with θέλειν = ὅτι θέλοι ἄν (J).

670. προστεταγμένον < προστάσσω, "place" or "post at (a place)."

671. παραστάτην: "comrade (on the flank)."

673. ἀναστάτους: "stood up/ruined."

674. τίθησιν: "makes," as often.

συμμάχου δορός: "allied spear/force"; K defends the manuscripts reading σὺν μάχῃ δορός, "in the course of a battle" or "together with the battle of the spear (of the enemy)."

675.　τροπάς: inner accusative with καταρρήγνυσι, "breaks up (armies) into rout."
τῶν δ(ὲ) ὀρθουμένων: either genitive absolute, "with these things upright" or with τὰ πολλὰ σώμαθ᾽ (J, K), "of those (men who are) successful."

677.　ἀμυντέ(α): neuter plural impersonal (see on 272), "one must defend."
κοσμουμένοις: regulations made by οἱ κοσμοῦντες, "the rulers" (J).

678.　οὐδαμῶς ἡσσητέα: "one must in no way be less than (i.e., defeated by)."

681.　τῷ χρόνῳ: "by our age" (J).

685.　ὅπως: either "that" or "how" (J, K).

686.　μήτ(ε) + optative of wish.

687.　μέντἂν χἀτέρῳ: "and yet to another man, too" (J).
καλῶς ἔχον: sc. τι; subject of γένοιτο.

688.　δ(ὲ) οὖν: "but in any case."
προσκοπεῖν: "provide for, look out for" + genitive.

691.　λόγοις: dative of cause.
μή: with future indicative expresses anticipated result (S 2556).

693.　οἷ(α): "what sort of things," i.e., "how."

695.　κάκιστ(α): adverbial.

696.　ἥτις: "(since she is one) who" (K); thus μή not οὐ on 697.

697.　πεπτῶτ(α) < πίπτω.
ὠμηστῶν: "eating raw flesh."

700.　ἐρεμνή: "dark."

703. = τί ἄγαλμα (ἐστὶ) μεῖζον εὐκλείας. εὐκλείας is genitive of price.

704. πρός: here "on the side of" (+ genitive).

705f. μή νυν...ὀρθῶς ἔχειν: i.e., "Do not then bear one mode of thought alone within yourself that how (what) you say, and nothing else, (this) is correct." ἔχειν is in indirect

709. διαπτυχθέντες < διαπτύσσω, "unfold," i.e., "disclose." ὤφθησαν < ὁράω; gnomic aorist.

710. ἄνδρα: subject of τὸ μανθάνειν and τείνειν ("strain," i.e., be rigid).

712. ῥείθροισιν χειμάρροις: "winter-swollen streams."

713. ὡς: "how."

714. αὐτόπρεμν(α): "root and all" (cf. S 1525).

715. ναὸς...πόδα: "ship's sheet" (the rope by which sails are regulated); object of τείνας.
ἐγκρατῆ: proleptic adjective, "so that it is strong, fast."

716. μηδέν: adverbial accusative, "not at all"; not οὐδέν, because generic with ὅστις, "such a one as" (J) (S 2705d).

716f. ὑπτίοις... σέλμασιν: "with benches turned bottom upwards."
κάτω στρέψας: sc. ναῦν (J).

719. κἀπ' = καὶ ἀπό.

720. πρεσβεύειν: "to be the eldest, to be the best."

721. πάντ(α): adverbial.
πλέων: accusative singular < πλέως, "full of."

722. εἰ δ(ὲ) οὖν : "but if (that is not possible)"; elliptical (GP 466).
ταύτῃ ῥέπειν: "to turn out that way" (K).

725. σέ: Haemon.

εἴρηται: perfect of ἐρῶ, "I will say, speak."

726. τηλικοίδε: "of such an age."
κα**ὶ...δή**: "actually ... then"; both convey indignation (GP 236, 316).

727. τὴν φύσιν: "age" (J).

730. ἔργον γάρ ἐστι: "What!? Is it (acceptable) action/conduct..."(K).

732. ἐπείληπται: perfect passive < ἐπι-λαμβάνω, "seize, attack."

733. ὁμόπτολις λεώς= ὁμόπολις λαός, "the united folk (of Thebes)" (J).

734. ἡμῖν: plural for singular

735. ὡς...ὡς: "how ... as."

736. ἄλλῳ ἢ (ἐ)μοί: "in dependence on any other (person) than myself."

741. οὖν: "indeed, in fact" (J).

742. διὰ δίκης ἰών: "going to law with."

746. ὕστερον: "later than," i.e., inferior to.

747. τᾶν = τοι ἄν (τε ἄν would be τ'ἄν).
ἥσσω: See on 439.

750. οὐκ ἔσθ' ὡς: See on 329.

751. τινά: ambiguous, referring either to Creon or Haemon (K).

752. κἀπαπειλῶν = καὶ ἐπαπειλῶν,"threatening."
ἐπεξέρχει: "proceed to an extremity" (K).

754. κλαίων: "wailing," with pain.

756. κώτιλλε < κωτίλλω, "cajole" (J).

758. τόνδ(ε) Ὄλυμπον: "by Olympus" (S 1596b).

ἴσθ' ὅτι: "know that"; virtually adverbial, "in truth" (see 276).

759. ἐπὶ ψόγοισι δεννάσεις: "*revile* me with (continual) *censures*" (J).

760. τό μῖσος: "the hateful thing," i.e., Antigone.
κατ(ὰ) ὄμματ(α): "before (his) eyes."

763. οὔθ': correlated with τε (J).

764. ἐν: "with," + dative of instrument (S 1687.1c).

765. τοῖς θέλουσι: either "those of your friends who are willing (to endure it)," if μαίνῃ is subjunctive, or "those of your friends who wish (to be friends, like me)."

Haemon exits.

766. ἐξ: "*caused by*" (J).

772. καί: "in fact."

773. στίβος: "path."

774. κατώρυχι < κατῶρυξ, "dug down, buried," here a noun, "cavern."

775. ὡς ἄγος μόνον: "as (to be) expiation only." Creon hopes to avoid the μίασμα (religious pollution) of homicide by leaving enough food in the cave for Antigone to keep herself alive for a few days.

778. που: "perhaps, I suppose"; savagely ironical (GP 491).
τεύξεται < τυγχάνω," meet with, obtain," here with accusative (τὸ μὴ θανεῖν).

779. ἀλλὰ τηνικαῦθ' (= τηνικαῦτα): "at least then," i.e., even though too late.

Creon exits.

780. τὰν ῞Αιδου = τὰ ἐν ῞Αιδου; see on 654.

781-805. THIRD STASIMON.

784. ἐννυχεύεις "keep watch" (J).

787. σ(ε)...φύξιμος: "(is) able to flee you"; accusative object with verbal adjective (S 1598).

788. ἀμερίων: "of a day, ephemeral."

790. ὁ δ' ἔχων: "he who possesses love," i.e., "he who is possessed by love" (K).
     μέμηνεν: perfect with present sense, < μαίνομαι.

791. ἀδίκους: (predicative) proleptic adjective, "so as to be unjust."

792. παρασπᾷς: "draw forcibly aside" (K).

795. βλεφάρων: genitive of source.

797. ἐν ἀρχαῖς: "in power, in office."

Antigone enters.

799. ἐμπαίζει: "mocks."

800-5. Anapests.

804. παγκοίτην: "giving rest to all."

805. ἀνύτουσαν < ἀνύτω (= ἀνύω), "reach"; with ("terminal") accusative of destination (without preposition in poetry, S 1588).

806-943. FOURTH EPISODE.

806-82. Kommos (lyric dialogue between actor and chorus, often a lamentation). At first Antigone sings lyrics and the chorus recites anapests (called συστήματα, συστ.) but eventually the chorus sings lyrics too (note Doric alpha).

806. ὁρᾶτ(ε): imperative.

812f. τὰν...ἀκτάν: terminal accusative.

813. ἔγκληρον: "having a share of."

817. οὐκοῦν: perhaps better οὔκουν, "Well, are you not dying a glorious death?" (GP 436). That is, read a question-mark after νεκύων, and take the remainder of the statement as explanatory (K).

819. φθινάσιν < φθινάς, "destructive, wasting."
      πληγεῖσα < πλήσσω, "strike."

820. ξιφέων ἐπίχειρα: "wages of the sword," i.e., violent death.

823. λυγροτάταν: probably adverbial (J) or perhaps predicate (K).

824. Ταντάλου: The (daughter) of Tantalus was Niobe, who boasted that since she had more children she was better than Leto. The goddess' children, killed Niobe's children, and, in her grief, Niobe turned to stone.

825. Σιπύλῳ: Mt. Sipylus in Lydia in Asia Minor, royal seat of Tantalus.
      τάν: "her," i.e., Niobe (see on 56).
      ἀτενής: "stretched, clinging," with κισσός.

826f. δάμασεν < δαμάω, "overcome"; for omitted augment see on 134.

828. ὄμβροι: K defends the manuscript's ὄμβρῳ, "with rain (of tears)" and retains τέγγει θ' in 831 (subject Niobe).
      τακομέναν < τήκω, "waste away," with νιν.

831f. δειράδας < δειράς, "ridges (of Mt. Sipylus)" or "throat (of Niobe)." "Niobe of Sipylus has usually been identified with a colossal rock-image on the N. side of the range" (J).
      ᾇ = ᾗ, i.e., Niobe.

834. θεός: Niobe, like her father Tantalus, was immortal.

836. μέγα: sc. ἐστί, "it is a great thing."

837. σύγκληρα: "equal portions with" (+ dative).

38 *Nicolas P. Gross*

838. **ζῶσαν...θανοῦσαν**: modifying the understood accusative subject of λαχεῖν in indirect discourse with ἀκοῦσαι, even though the dative φθιμένῃ precedes.

840. **ἐπίφαντον**: "in view, alive" (K).

845. **ἔμπας**: "at least, at any rate."
ὕμμ(ε): epic accusative plural, "you."
ἐπικτῶμαι: "acquire in addition, win."

846. **οἷα**: "in what manner."

847f. **ἔργμα τυμβόχωστον**: "tomb poured enclosure."

848. **ποταινίου**: usually "recent, fresh," here "unheard of" (K).

850. **βροτοῖς οὔτε νεκροῖς**: i.e, οὔτε βροτοῖς οὔτε νεκροῖς.
κυροῦσα < κυρέω, "meet with," here with dative (rather than genitve, as in 870).

854. **ἐς**: "against."

855. **πολύ**: "heavily" (J).

856. **πατρῷον...ἆθλον**: "ordeal inherited from your father"

857. **μερίμνας**: genitive after a verb of touching.

858-61. **πατρὸς...Λαβδακίδαισιν**: "thrice-plowed (i.e., thrice-told) pity for my father and for our own whole destiny for the famous Labdacidae," in loose apposition to μερίμνας.

863-4. **λέκτρων ἆται**: "bed-dooms."
κοιμήματά...ματρός: "self-born bedding for my father with (his) ill-fated mother." ματρός is an objective genitive.

866. **οἵων ποθ'** (= ποτέ): exclamatory, "from what manner of parents" (J).

870. **γάμων**: See on 106.

871. **κατήναρες** < κατεναίρομαι,"kill."

872-4. **σέβειν...πέλει**: The chorus regard complete εὐσέβεια as including loyalty to the State's laws (J).

874. παραβατὸν οὐδαμᾷ πέλει: "can be transgressed in no way."

875. αὐτόγνωτος: "deciding for oneself" (J).

Creon re-enters.

883f. ἀοιδὰς...θανεῖν: belongs with the ὡς clause (prolepsis).

884. εἰ χρείη: "if it profited" (J).

885. κατηρεφεῖ: "roofed over, vaulted."

886. περιπτύξαντες < περιπτύσσω, "enfold, enclose."

887. ἄφετε < ἀφίημι.
χρῇ: present indicative of χράω, "wish."

888. τυμβεύειν: here "dwell entombed."
στέγη: "roof, house, dwelling."

889. τοὐπί (= τὸ ἐπί): "so far as regards" + accusative (S 1689. 3d).

891f. κατασκαφὴς οἴκησις: "deep-dug dwelling"; nominative for vocative.

894. Φερσέφασσ(α): Persephone.

895. μακρῷ: "by far."

897. ἐν ἐλπίσιν τρέφω: an emphatic ἐλπίζω (K).

899. κασίγνητον κάρα: either Eteocles (J) or Polyneices (Winnington-Ingram, 144).

901. ἔλουσα < λούω,"wash."

903. περιστέλλουσα: "wrapping up, laying out (a corpse)."

904-20. Considered spurious by older editors despite Aristotle's mention of the passage, hence the brackets, but now generally accepted.

904. τοῖς φρονοῦσιν εὖ: "in the judgement of those who are sensible"; omit comma after φρονοῦσιν.

907. ἠρόμην < αἴρω, "lift up," here = "take upon oneself, undergo."

908. τίνος νόμου...πρὸς χάριν: See on 30.

909. κατθανόντος: genitive absolute, "if my husband were dead."

911. κεκευθότοιν: dual genitive perfect participle < κεύθω, "conceal."

913. ἐκπροτιμήσασ(α): "honoring exceptionally"; coincidental aorist, linked closely in time to the main verb (S 1872c).

914. ἔδοξ' = ἔδοξα.

916. διά: "by means of."

917. του= τινος.

920. κατασκαφάς: "grave"; plural for singular.

923. τίν(α)...ξυμμάχων: "whom of my allies (am I) to ἐπεί: "since, for."

925. ἀλλ(ὰ)...οὖν: "well then" (J).

926. ἡμαρτηκότες: in indirect discourse after ξυγγνοῖμεν, < συγγιγνώσκω, "be conscious (of)."

929-43. Anapests.

929f. ἀνέμων...ψυχῆς ῥιπαί: "stormgusts of the soul" (J).

931. τούτων: causal genitive.
      τοῖσιν ἄγουσιν: sc. ταύτην.

932. ὑπάρξει: ὑπάρχει in tragedy often = ἐστί.
      ὕπερ: here apparently "on account of."

933. ἐγγυτάτω: "very close (to)," + genitive.

936. **μὴ οὐ...κατακυροῦσθαι**: "(that) these things are not to be fulfilled (K) in this way"; redundant negative with a negatived verb (S 2745).

940. **κοιρανίδαι**: "leaders."

941. **βασιλειδᾶν**: Doric feminine genitive plural < βασιλείδης, "prince." Since βασιλείδης is not attested in the feminine, some prefer βασιληίδα < βασιληίς, "royal one."

Antigone exits.

944-87. FOURTH STASIMON. The chorus recalls Danaë, Lycurgus and Cleopatra. All were of noble birth and all suffered cruel imprisonment (J).

944f. **Δανάας...δέμας**: subject of ἔτλα. Zeus wooed Danaë in a prison built by her protective father, Acrisius. He appeared in a shower of gold and impregnated her, engendering Perseus.

945. **ἀλλάξαι**: "to take in exchange"; sc. for the gloom of darkness (K).

950. **ταμιεύεσκε**: "she was steward of."
χρυσορύτους: "gold-flowing."

951. **τις**: "whatever it is"; an odd but emphatic position (J, K).

952. **νιν** = μοῖραν.
Ἄρης: i.e., war.

955. **παῖς ὁ Δρύαντος**: Lycurgus, son of Dryas and king of the Thracian Edonians. He opposed Dionysus and was driven mad.

956. **ὀργαῖς**: causal dative.

957. **κατάφαρκτος** = κατάφρακτος, "confined in."

959. **ἀποστάζει**: "trickles away."

960. **ἀνθηρόν**: "flowering," hence "exuberant."

961. τὸν θεόν: object of ἐπέγνω ("came to know"), since
ψαύων ("assailing [him]") takes the genitive. The participle
may be in indirect discourse (K).
ἐν: See on 764.

963. παύεσκε: conative imperfect.
μέν: correlative with τε (GP 375).

964. ἐνθέους γυναῖκας: i.e., maenads.
εὔιον: "bacchic," after the cry of the Bacchae, εὐοί.

966. παρὰ...ἁλός: "near the waters of the Kyaneai, the waters
of the twofold sea." Κυανεᾶν is genitive of explanation (S
1322) and refers to rocky islets on the north side of the
entrance to the Bosphorus from the Euxine (Black Sea) (J).
ἁλός is genitive in apposition.

968. ἠδ(έ): "and."
Θρῃκῶν: sc. εἰσορᾷ or εἰσαθρεῖ (K), to fill the lacuna
which should respond metrically to -τον γονάν in 980.

970. Σαλμυδησσός: Salmydessus, city and coast, 60 miles
north of the Bosphorus (K).
ἵν(α): "where," as usual with indicative.
ἀγχίπολις: "near the city, city-neighboring." Ares is
often considered Thracian.

971. Φινείδαις: "sons of Phineus," blinded by their stepmother
Eidothea, who was Phineus' second wife and Cadmus's sister.

973. τυφλωθέν: aorist passive participle < τυφλόω, "blind";
with ἀρατὸν ἕλκος, "the cursed blinding wound" (J).

974. ἀλαὸν...κύκλοις: "causing blindness to the orbs of the
eyes, crying for vengeance" (K); < ἀλαόω, "make blind."

975f. ἀραχθέντων < ἀράσσω, "strike."
κερκίδων < κερκίς, "shuttle," i.e., the rod by which
threads of the woof of a loom are driven home.

977. κατὰ...τακόμενοι < κατατήκω, "waste away."

980. ματρὸς...ἀνύμφευτον γονάν: "unwedded birth of the
mother," i.e., birth from an unwedded mother.

981. **ἁ δέ**: demonstrative ("but she"), referring to Cleopatra, daughter of Boreas and mother of the Phineads.
σπέρμα: accusative of respect, "in seed," i.e., descent.

982. **ἄντασ(ε)** < ἀντάω, "meet, reach to," + genitive.
Ἐρεχθεῖδᾶν: genitive. Cleopatra's mother was Oreithyia, daughter of Erechtheus.

983. **τηλεπόροις**: "far for travelling," i.e., distant.

985. **Βορεάς**: "daughter of Boreas" (note accent).
ἄμιππος: probably, "swift as a horse."
ὀρθόποδος: genitive; "with straight-foot," here "steep."

986. **κἀπ'** = καὶ ἐπί.

988-1114. FIFTH EPISODE.

Teiresias enters.

993. **ἀπεστάτουν** < ἀποστατέω, "stand aloof from, revolt from."

994. **δι' ὀργῆς** = διὰ ὀρθῆς κελεύθου/ ὁδοῦ (K).

995. **ἔχω...ὀνήσιμα**: either "I have experienced benefits to witness" (epexegetic infinitive), or "I am able to testify having experienced benefits" or perhaps ὀνήσιμα is the object of μαρτυρεῖν, "I can from experience testify to your benefits."

996. **βεβώς**: participle in indirect discourse with (imperative) φρόνει.

997. **ὡς**: "how."
στόμα: "mouth," i.e., words.

999f. **εἰς...ἵζων**: "(going) to (and) sitting (at)."

1001. **ἀγνῶτ(α)**: "obscure."

1002. **κλάζοντας**: accusative, as if φθόγγον ὀρνίθων = ὄρνιθας φθεγγομένους.
οἴστρῳ: "frenzy."
βεβαρβαρωμένῳ: "unintelligible."

1003. **φοναῖς:** "in murder," i.e., "murderously."

1004. **ῥοῖβδος:** "rushing noise, whirring."

1005. **ἐμπύρων ἐγενόμην:** "I tasted burnt (offerings)," i.e., tried divination through burnt offerings.

1006. **παμφλέκτοισιν:** "fully kindled" (J); the failure of the offering to burn did not result from lack of fuel.

1007. **οὐκ ἔλαμπεν:** "(the fire) would not (or could not) shine"; imperfect of resistance or refusal (S 1896).

1008. **μυδῶσα κηκίς:** "oozing moisture," i.e., juices from the fat.

1009. **κᾶτυφε** = καὶ ἔτυφε, < τύφω, "smoke."
       μετάρσιοι: "high in the air."

1010. **χολαί:** "gall bladder(s)."
       καταρρυεῖς: "dripping."

1011. **καλυπτῆς ἐξέκειντο πιμελῆς:** "were left bare of the enveloping fat."

1012. **τοιαῦτα:** with a comma after πάρα and with φθίνοντ(α)...μαντεύματα in apposition (K).

1013. **ἀσήμων:** "unintelligible."

1015. **ταῦτα:** inner accusative (K).

1016. **ἐσχάραι:** "sacrificial hearths."
       παντελεῖς: "one and all" (J).

1017. **ὑπ(ό)** + genitive of agent with verbal notion implied in πλήρεις.

1018. **πεπτῶτος** < πίπτω.

1019. **κᾷτ'** = καὶ εἶτα, "and then"; here "and so" (J).
       θυστάδας < θυστάς, "sacrificial."

1021. **ἀπορροιβδεῖ:** "shriek forth."

1022. βεβρῶτες < βιβρώσκω, "eat"; plural with ὄρνις as collective noun (S 950).
αἵματος λίπος: "fatness of blood."

1025. ἁμάρτῃ: ἄν is occasionally omitted in poetry (S 2339).

1028. σκαιότητ(α) < σκαιότης, "thoughtlessness, stupidity."

1030. ἐπικτανεῖν: "slay in addition."

1033. ὥστε: "like."
σκοποῦ: "mark, target"; genitive after a verb meaning "aim at, shoot at" (S 1349).

1035. ἄπρακτος: "unprofitable, unsuccessful," here "unasssailed by" + genitive.
ὑμῖν: "by you and your congeners" (K).
τῶν δ(ὲ) ὑπαὶ (= ὑπό) γένους: "by the tribe of those men" (J).

1036. ἐξημπόλημαι < ἐξεμπολάω, "make a profit from," here "buy."
κἀμπεφόρτισμαι < ἐμφορτίζω, "deliver as cargo."

1038. ἤλεκτρον: "electrum," a natural compound of silver and gold found near Sardis (Σάρδεις), capital of Lydia.

1042. οὐδ(ὲ) ὥς: "not even in that case" (J); with (redundant) μή, a strong denial (S 2755b).

1043. θάπτειν παρήσω: indefinite subject of infinitive omitted, as often (S 937a).

1046. χοἰ (= καὶ οἱ) πολλὰ δεινοί: "the very clever" (J).

1047. καλῶς: in negative sense (J), "speciously."

1048. The statement, interrupted by 1049, is resumed in 1050.

1049. ποῖον τοῦτο πάγκοινον: "what (is) this commonplace?"

1050. ὅσῳ: See on 59.

1053. ἀντειπεῖν κακῶς: "to malign in turn."

1054. καὶ μὴν λέγεις: "and yet you do say (evil)."

1056. τὸ...ἐκ: "the (race *bred*) of" (J).

1057. ταγοὺς...λέγων: "that what you say (ἄν= ἃ ἄν) you are saying of those who are in command."

1060. ὄρσεις < ὄρνυμι, "urge, incite."
     τἀκίνητα διὰ φρενῶν: "that (which) must be kept secret (ἀκίνητα, lit. "unmoved") within my heart."

1062. δοκῶ: sc. λέγειν.
     τὸ σὸν μέρος: "as far as you are concerned."

1063. ὡς: "that," + participle in indirect discourse.

1065. τρόχους ἁμιλλητῆρας: "racing courses (of the sun)," i.e., days.
     τελῶν: future; indirect discourse with κάτισθι.

1067. ἀμοιβόν: "in requital for" (K).
     ἀντιδοὺς ἔσει: periphrastic future perfect (S 1962a).

1068. ἀνθ' ὧν= ἀντὶ τούτων ὅτι, "because" (J).
     τῶν ἄνω: "(one) of those above," i.e., alive.

1070. τῶν κάτωθεν...θεῶν: possessive genitive, with νέκυν.

1071. ἀκτέριστον: "unhallowed by funeral rites."

1072. μέτεστιν: See on 48.

1074. τούτων: causal.
     ὑστεροφθόροι: "later-destroying, avenging."

1076. ληφθῆναι < λαμβάνω; infinitive of result; see on 64.

1077. ταῦτ(α): object of λέγω below.
     κατηργυρωμένος: "covered with silver," i.e., bribed.

1078. οὐ μακροῦ χρονοῦ τριβή: "a time for which you will not have long to wait" (J).

1080. ἐχθραὶ...πόλεις: the cities that fought against Thebes, whose dead are still unburied.

1081. ὅσων σπαράγματ(α): "(cities) whose mangled corpses."
καθήγνισαν < καθαγνίζω, "hallow"; oxymoron.

1084. σου: object of ἀφῆκα (< ἀφίημι) τοξεύματα; see on σκοποῦ 1033.

1085. καρδίας τοξεύματα: "arrows (aimed at the) heart."

1086. θάλπος: "heat," i.e., sting.
ὑπεκδραμεῖ < ὑπεκτρέχω, "run out from under."

1090. τὸν νοῦν...τῶν φρενῶν: "thought," i.e., attitude (K).
Teiresias exits.

1092. ἐξ ὅτου: See on 12.

1093. ἀμφιβάλλομαι: "I have put on τρίχα (< θρίξ)."

1094. μή: confident belief (S 2727).
λακεῖν < λάσκω, "shout, cry aloud," here, as often, "prophesy."

1096. εἰκαθεῖν: "to yield."

1097. ἄτη πατάξαι: "crush/smash with disaster."
ἐν δεινῷ πάρα (= πάρεστιν): "it is present in the terrible, i.e., "there is the terrible possibility that."

1098. εὐβουλίας: with δεῖ, "there is need of"; λαβεῖν is an epexegetic infinitive.

1100. κατώρυχος: See on 774.

1101. ἄνες < ἀνίημι, "send up, release."
τῷ προκειμένῳ: "the one lying," i.e., the corpse.

1102. δοκεῖ: "(does) it seem (good)"; instead of the mss. δοκεῖς, "are you minded (to yield)" (J).

1103. ὅσον...τάχιστα: "as swiftly as possible" (S 1086).

1105f. καρδίας...δρᾶν: "I stand out from my heart in regard to the doing."

1107. ἐπ(ὶ)...τρέπε: tmesis, "leave to."

1108. ὦδ(ε) ὡς ἔχω: "just as I am," i.e., immediately. στείχοιμ(ι) ἄν: potential optative, here expressing fixed resolve (J).

1109. οἱ...ἀπόντες: "one and all" (J). ἀξίνας: "axes"; object of ἐλόντες below.

1110. ὁρμᾶσθ(ε): "urge, start, hurry." ἐπόψιον: "in full view."

1111. ἐπεστράφη: aorist passive < ἐπιστρέφω, "turn around."

1113f. δέδοικα...μὴ...ᾖ: "I shrewdly suspect that..." (J). καθεστῶτας: "existing, established"; perfect participle < καθίστημι.

Creon exits.

1115-54. The tone of this lively dance-song ("hyporcheme") expresses hope just before disaster.

1115. νύμφας: genitive; Semele, daughter of Cadmus and mother of Dionysus.

1116. βαρυβρεμέτα: "loud thundering," Doric genitive.

1117. ἀμφέπεις: "attend, tend, protect."

1119. μέδεις < μέδω, "rule."

1121. Δηοῦς ἐν κόλποις: "in the lap(s) of Demeter (< Δηώ), whose hild Iacchus was often identified with Bacchus/ Dionysus. κόλποις also = "recesses," referring to the valley in which Eleusis is situated (or perhaps the nearby bay).

1123. Ἰσμηνοῦ: a river east of Thebes.

1124. ἐπὶ σπορᾷ δράκοντος: "at the sowing of the serpent," i.e., where Cadmus sowed the serpent's teeth to found Thebes.

1125f. σὲ...λιγνύς: "The flashing, murky flame sees (ὄπωπε) you."
διλόφου πέτρας: "double-crested rock," the two cliffs of Mt. Parnassus near Delphi, where the rites of Dionysus were held.

1129. Κωρύκιαι...Νύμφαι: nymphs who inhabit the Corycian cave.

1130. νᾶμα: with ὄπωπε.

1131. σέ: modified by ἐπισκοποῦντ(α) and object of πέμπει.

1131f. Νυσαίων...ὄχθαι: "the ivy-clad mounds (i.e., slopes) of Mt. Nysa," which is variously located.

1135. εὐαζόντων: "crying εὐοί," in honor of Dionysus; genitive absolute with ἀμβρότων ἐπέων, "while divine chants resound with the cry evoe" (J).

1136. τάν: demonstrative, referring to Thebes.

1139. κεραυνίᾳ: "lightning-smitten"; Zeus appeared to Semele as a lightning bolt.

1140. καὶ νῦν: "now too."

1141. ἐπί: here, "in."

1143. μολεῖν: infinitive for imperative; see on 151.

1145. πορθμόν: the "crossing" between Euboea and Boeotia; with στονόεντα, "the moaning strait" (J).

1147. χοράγ(ε): "dance-leader."

1147f. νυχίων...ἐπίσκοπε: Dionysus is "overseer of the nocturnal (procession with its torches and ritual) cries" (K).

1149. προφάνηθ(ι): "appear"; aorist passive imperative.

1150. περιπόλοις: adjective and noun, "attendants."

1151. θυίαισιν: Thyiads, female worshippers of Dionysus.

1155-1353. EXODUS.

The messenger enters.

1155. Κάδμου: with δόμων; the seat of Cadmus, the acropolis of Thebes (J).
'Αμφίονος: Amphion, son of Zeus and Antiope, with his brother Zethus built the Theban walls.

1156. οὐκ ἐσθ'...βίον: "there is no life of the sort which..."; incorporation of referent into relative clause (S 2536).
στάντ(α): predicative, "as remaining fixed"; or perhaps "while it stands."

1158. καταρρέπει: "causes to incline, makes fall."

1161. ὡς ἐμοί: "at least for me," restrictive ὡς + dative (S 1495a).

1165. ἀφεῖται: perfect passive of ἀφίημι.

1166. προδῶσιν: "forfeit."

1168. πλούτει: imperative, as is ζῆ below.

1170. σκιᾶς: genitive of value (S 1372).

1171. ἀνδρί: "from a man," dative of interest with a verb of buying (S 1484).
πρός: "in comparison to" (S 1695.3c).

1173. αἴτιοι θανεῖν: "guilty of the death" (J).

1175. αὐτόχειρ: ambiguous, "by a kinsman's hand" or "by his own hand" (J).

1176. πότερα...ἤ: "whether...or."
πρός οἰκείας χερός: "by his own hand."

1178. ἄρ(α): "after all."

1223. ἀμφὶ...περιπετῆ προσκείμενον: "embracing her (with) arms thrown around (literally "fallen around") her waist" (J).

1224. εὐνῆς: "bed," i.e., "bride."

1226. σφε: Haemon.

1228. οἷον: exclamatory, "what a..."

1229. ἐν τῷ συμφορᾶς: "by what (sort of) misfortune."

1231. παπτήνας < παπταίνω, "look for, stare at."

1232f. ξίφους...διπλοῦς κνώδοντας: "double teeth of (his) sword," i.e., "(his) two-edged sword."

1234. φυγαῖσιν: "in flight(s)."
ἤμπλακ(ε): "missed (killing)" + genitive.

1235. ἐπενταθείς < ἐπεντείνω, "stretch over, press against," reflexive (S 1733); sc. ἔγχει (K).

1236. μέσσον: "to its midpoint."
ὑγρόν: "moist, languid."

1237. ἀγκῶν(α): "arm."
προσπτύσσεται: "clings to."

1238. φυσιῶν < φυσιάω, "pant, breathe hard."

1239. σταλάγματος: "crippling, trickling."

1241. τέλη: "rites."

1244. εἰκάσειας < εἰκάζω, "guess"; sc. εἶναι.

1247. ἐς πόλιν...ἀξιώσειν: "that she will not think (it) right (to make) laments to the city" (i.e., publicly).

1249. στένειν: either with προσθήσειν ("propose that they mourn") or epexegetic with πένθος ("a sorrow for them to mourn" J).

1250. ὥσθ' ἁμαρτάνειν: anticipated result (S 2260).

1251. δ(ὲ) οὖν: See on 688.
       ἄγαν: adverb qualifying a substantive (S 1096).

1251f. βαρὺ...προσεῖναι: "to be ominous."
       χἠ: i.e., "no less than" (J).

1253. μή: "whether" (S 2674).
       καί: "actually" (GP 298).
       κατάσχετον: "kept down, repressed."

       The messenger exits.

1257-60. The chorus sings anapests which with the concluding
       anapests (1347-53) frame the second part of the exodos.

       Creon enters.

1261-1347 This kommos (lament) is mainly in dochmiacs, a highly
       agitated and very free meter peculiar to tragedy. Its basic
       form is υ ῡῡ - υ - .

       We can scan 1265-6 as follows:
       - υ υ - υ - υ - - υ -
       ὤμοι ἐμῶν ἄνολβα βουλευμάτων
            υ- - υῡῡ υ- - υ -
       ἰὼ παῖ, νέος νέῳ ξὺν μόρῳ.

1264. βλέποντες: Creon calls upon the Theban elders to wit-
       ness (J).

1265. ἐμῶν ἄνολβα βουλευμάτων: partitive genitive,
       "the unhappiness involved in my cousels" (J).

1273. μ(ε): object of ἔπαισεν and (ἐν)έσεισεν, < ἐνσείω,
       "drive into."

1275. λακπάτητον: "trampled on, trodden down."

       The messenger enters.

1278. ὡς...κεκτημένος: "as one who both *has in hand* and *has
       in store*" (J).

1279. πρὸ χειρῶν: "visible in your arms" (K).

1280. ὄψεσθαι: Logically the form should be a participle parallel with φέρων but is, instead, infinitive under the influence of ἔοικας (J).

1282. παμμήτωρ: "all-mother," i.e., "true mother."

1284. δυσκάθαρτος: "hard to cleanse, hard to satisfy by atonement."

1285. ὀλέκεις: "destroy."

1286f. ὦ κακάγγελτα...ἄχη: "Oh, you who have come to me bearing the sorrow of ill tidings" (K).

1288. ἐπεξειργάσω: 2nd singular aorist middle < ἐπεξεργάζομαι, "accomplish/destroy anew."

1289. ὦ παῖ: the messenger.

1289-93. τίνα...νέον...σφάγιον...γυναικεῖον...μόρον: an effective piling up of adjectives held in suspense by interrupting vocative and interjection until the final noun.

1298. ἔναντα: "before, opposite (me)."

1301. ὀξυθήκτῳ: "sharp-edged."
βωμία: feminine nominative adjective, "at the altar."

1302. κωκύσασα < κωκύω, "lament."

1303 Μεγαρέως: in Aeschylus' *Seven against Thebes*, elder son of Creon and Eurydice, who fell in battle at the Theban gate (J).

1304f. κακὰς...πράξεις: "ill-fortune."

1307. ἀνέπταν: dramatic aorist (S 1937), translated as present; < ἀνίπταμαι, "be on the wing, fly up; here with φόβῳ, "be utterly terrified."

1308. ἀνταίαν: sc. πληγήν, "right in the breast" (K).

1309. ἀμφιθήκτῳ: "two-edged."

1311. συγκέκραμαι: perfect passive < συγκεράννυμι, "mix with, join to."
       δύᾳ: "anguish."

1313. ἐπεσκήπτου < ἐπισκήπτω, "fall upon, enjoin, accuse" + genitive of the charge.

1314. ποίῳ: with τρόπῳ, "in what way?"

1317. τάδ(ε): subject of ἁρμόσει, < ἁρμόζω, here "be adapted, fit."

1321. ὅ τι τάχιστ(α) = ὡς τάχιστα.

1327. βράχιστα: sc. ὄντα, conditional.
       τἀν (= τὰ ἐν) ποσὶν κακά: "the evils at one's feet, immediate troubles."

1329. μόρων...κάλλιστ(α): "best of fates."

1332. ὕπατος: "supreme."

1334. τῶν προκειμένων τι: "tasks now before us" (K).

1335. τῶνδ(ε): i.e., τῶν μελλόντων.
       ὅτοισι χρή μέλειν: i.e., τοῖς θεοῖς (J).

1336. ἐρῶ < ἐράω.
       συγκατηυξάμην < συγκατεύχομαι, "pray for." συν- probably suggests "all my prayers (taken together)."

1337. πεπρωμένης: "fated."

1339. ἄγοιτ(ε) ἄν: an entreaty, J (S 1830).

1341. σέ τ' αὖ τάνδ': "and you too, my wife" (J).

1342. ἔχω: "know" (S 2546).
       κλιθῶ: "lean," i.e., seek support.

1345. λέχρια: "slanting, crosswise," i.e., in disarray.
       τὰ δ(έ): adverbial, "as for the rest."

1346. εἰσήλατο: "drove"; < εἰσάλλομαι or perhaps εἰσελάω.

Creon exits.

1349. τά γ' εἰς θεούς: "what concerns the gods."

1351. τῶν ὑπεραύχων: subjective genitive with μεγάλοι λόγοι.

Select Bibliography

C. M. Bowra, *Sophoclean Tragedy* (Oxford 1944), pp. 63-115. Demonstrates how Creon's tyrannical nature is revealed through his arrogance and irreverence and how Antigone's heroic deeds are initially viewed by the chorus of Elders and by Ismene with a suspicion typical of fifth-century Athenians.

Robert F. Goheen, *The Imagery of Sophocles' Antigone* (Princeton 1951). Studies the imagery of the Antigone and its relationship to the drama's principal motifs.

D. A. Hester, "Sophocles the Unphilosophical. A Study in the Antigone", *Mnemosyne* 24 (1971) 11-59. Contains a useful bibliography.

H. F. Johansen, "Sophocles, 1939-1959", *Lustrum* 7 (1962) 94-342 . Bibliographical study.

Bernard M. W. Knox, *The Heroic Temper: Studies in Sophoclean Tragedy* (Berkeley 1964), pp. 62-116. Discusses the social and religious implications of the conflict between Antigone and Creon: the social claims of the family vs. the claims of the state; and at the religious level, exclusive piety toward family vs. reverence for the gods of the city.

Gordon M. Kirkwood, *A Study of Sophoclean Drama* (Ithaca 1958), pp. 30-98, 99-180. A useful and thorough interpretation of Sophocles' methods of composition, particularly valuable for its chapters on construction (i. e., structure) and character portrayal.

Ivan M. Linforth, "Antigone and Creon", *University of California Publications in Classical Philology* 15, no. 5 (1961) 183-260. Sensitive analyses of the words, thoughts and reactions of Antigone and Creon throughout the play.

Charles P. Segal, *Tragedy and Civilization* (Cambridge, Mass. 1981) pp. 152-206. Analyzes the text from a structuralist perspective.

Cedric H. Whitman, *Sophocles: A Study of Heroic Humanism* (Cambridge, Mass. 1951) pp. 82-99. Refutes the Hegelian approach to the drama while emphasizing the appropriateness of Antigone's heroic deeds.

R. P. Winnington-Ingram, *Sophocles: An Interpretation* (Cambridge 1980) pp. 91-149. Explores the implications of the little-discussed eros theme as well as the limitations of Creon and Antigone. Particularly helpful for understanding the later stasima.